# 辛亥革命史

杜亞泉

## 辛亥革命史

作　　者：杜亞泉

責任編輯：黃振威

封面設計：涂　慧

出　　版：商務印書館 (香港) 有限公司

　　　　　香港筲箕灣耀興道 3 號東滙廣場 8 樓

　　　　　http://www.commercialpress.com.hk

發　　行：香港聯合書刊物流有限公司

　　　　　香港新界荃灣德士古道 220−248 號荃灣工業中心 16 樓

印　　刷：美雅印刷製本有限公司

　　　　　九龍觀塘榮業街 6 號海濱工業大廈 4 樓 A 室

版　　次：2021 年 6 月第 1 版第 1 次印刷

　　　　　© 2021 商務印書館 (香港) 有限公司

　　　　　ISBN 978 962 07 5879 9

　　　　　Printed in Hong Kong

# 目　錄

# 編輯說明

　　本書是中國著名學者杜亞泉以筆名高勞所撰的辛亥革命簡史。為保留原書面貌，編者僅修正若干錯字、統一全書體例，將部分舊式用語改為較通行的現代用字，重新標點原文，以及補入圖片。另外，編者亦校正了若干史實錯誤，詳見附註。其他則一仍其舊。

# 第一章

# 革命戰爭時代

# ≋ 一　革命主義之傳播 ≋

革命之事，各國有之。此事之起因，由政治之不良、政體之未善；而種族之異，亦足為其誘因。遠者不具論，自一九〇八年以後，土耳其之青年黨迫土帝去位；波斯之南方民族驅波帝離國。葡萄牙以海、陸軍人之不平，促成政變；墨西哥以梅特洛之野心，率叛軍而驅逐其大總統狄愛士。革命風潮，迭起環生。當其君民寇讎，操戈同室；禦外利器，移以對內；肉飛血濺，肝腦塗地，此誠歷史中之慘劇也。我國革命之現象，至一九一一年而大著，而考其主義之發生，則夫提倡之、傳播之、實行之，伏而不滅，蹶而愈奮者，已非一朝一夕之故，洪楊之役無論已。光緒丙申[1]，孫文【圖一】

---

【圖一】孫文

創立興中會於廣東，糾合同志，欲起革命軍。事泄，遁至英格蘭。是時龔照璵[2]為英使，使人以計誘至使館而擒之，英人大譁，以為侵犯其國權，得釋出。孫於是往來歐美及南洋、日本，鼓吹其主義；未幾而有史堅如謀殺總督德壽被戮之事；又未幾而有漢口唐才常之變、安徽大通之變、廣西鎮南關之變、雲南河口之變。且謀炸端方於天津者，有吳樾；槍斃恩銘於安慶者，有徐錫麟。其他言論事實之相繼發現者，既日演而日激。革命之聲浪，震盪於國民之耳鼓；革命之思想，遂深印於國民之腦筋。當時下有鼓吹革命之黨人，而上復有製造革命之官吏，立憲其名，專制其實，商路則收為國有，外債則任意大借，代表則遞解回籍，內閣則專任親貴，凡可以離民之心、解民之體者，行之惟恐不力。又值各省水災，饑民遍地，天時人事，相逼而來。宜乎廣州之變，方起於前；川省之事，又繼於後；一波甫平，一波又起；迨武漢事發，各省響應，革命軍之旗幟，遂翹然高舉於禹域[3]之內矣。

---

2　編者按，應為龔照瑗。
3　編者按，中國。

## ≈ 二 武昌發難 ≈

革命黨人，散居南洋各埠；其舉事也，以沿海邊省為利。自一九一一年三月二十九日在廣州舉事不成，於是變計從長江流域入手。清廷亦知蘇、皖、鄂等省，均有黨人潛伏，並有大宗軍火由牛莊運入長江，密令鄂督瑞澂加意防範。自四月初旬以後，鄂省之防範革命黨者，至為周密：陸軍第八鎮統制張彪，分佈軍隊，按段梭巡；巡警道黃祖徽，亦飭武漢各區區長及區官巡官，晝夜更番，與軍隊聯絡一氣，空屋、廟宇、旅館之中，尤為注意。以神龍宮年久廢棄之槍械，亦查獲呈報，識者雖哂其張皇，而監察之嚴，亦可想見。至對於陸軍兵士，深防莠言煽惑，更有種種戒嚴之命令，除派憲兵偵探外，又飭各營各設告密箱一具，每夜掌號息燈之後，即不許彼此往來；外來賓客有作密談者，准各該隊什伍長監聽；防範之嚴，為歷來所未有。八月初九日 [4]，瑞澂接到外務

---

4　編者按，是指舊曆。作者在書中經常新曆、舊曆互用，偶或引起混亂，這是要請讀者注意的。

【圖二】黃興

部密電，謂革黨黃興【圖二】聯絡黨人，約期十五、十六兩日聚鄂起事，並有三十標步兵同時策應之約。於是軍警各界，益嚴密查防；商店居民，大為惶恐。及期無恙，咸謂事機泄漏，不足為患。詎至十八日之夜，革命黨之形跡，竟發見多處：荊襄巡防隊統領陳得龍在漢口英租界獲革黨劉汝夔、丘和商二人；洋務公所吳愷元在俄租界寶善里內拿獲革黨秦禮明、龔霞初二人，並起獲炸彈、手槍、旗幟、印信、鈔票、滙票甚多。張彪在小朝

街九十二號拿獲革黨八人，在八十二號、八十五號拿獲二十七人，內有女黨員龍韻蘭及陸軍憲兵隊什長彭楚藩，同時又在雄楚樓北橋洋房內，拿獲印刷告示、繕寫冊籍之革黨五人；而黃土陂千家街地方，有黨員楊宏勝亦因自試炸彈轟壞而被獲。督署之內，又發見炸藥一箱，有教練隊軍士二人，形跡可疑，訊明希圖炸署不諱，即在署前正法。翌晨，復將捕獲之黨人審決多名。是時鄂督瑞澂，以為其謀已破，可無大患，自以定亂俄頃，欣欣有得色，且疑新軍皆為革命黨，欲嚴行查緝，如有形跡可疑之兵士，即以軍法從事。嘗笑問張彪曰：「爾軍隊中有多少革命黨？」張彪曰：「大約有十之三。」瑞澂曰：「然則以十之七拿十之三，事便可了。」一時新軍聞之，人人自危。

武昌向稱有新軍萬六千人，合組為步隊、馬隊、炮隊三種，悉歸張彪統轄，軍隊平時咸懷怨望，其情形本極危險。自端方【圖三】入川抽調外，所餘各營，殆皆全體聯合，反對長官，經革黨暗中運動，久已躍躍欲試，而瑞澂復以嫌疑恣意搜捕，各營遂變。十九日下午九時，工

【圖三】端方（右一）

程第八營左隊營中，忽有炸彈聲、喧噪聲，同時猝起，以「同心協力」為暗號，掣下肩章，左右各繫白巾。督隊官阮榮發等出阻，即被槍斃；步隊二十九、三十兩標，殺斃管帶二人；旗兵在楚望台被殺者三十餘人，各兵中亦有被擊斃者。九時半，趨火藥庫，劫取子彈。十五協兵士，已同時齊集大操場，與工兵聯合，悉運子彈至蛇山下關馬廠諮議局旁，即大呼趨督署，與防護馬隊互擊五十分鐘，馬隊不支，亦與工兵聯合，即分兵三處：一駐鳳凰山，一駐蛇山，一駐楚望台，各架炮轟擊督署，致山前民房，多被震毀。二十日總督瑞澂、藩司連甲、統制張彪均棄城逃。革軍既起，尚未得一首領，眾議以第二十一混成協統黎元洪【圖四】當之。黎元洪者，曾留學外國，從事於中東之役[5]，知識既富，經驗尤宏，屈居張彪之下而無怨言，素為軍心所歸附者也。眾遂趨黎寓所，迫令出為代表，否則將槍斃之。黎允諾，遂改諮議局為軍政府，黎元洪為鄂軍都督、前諮議局議長湯化龍為民政

---

5　編者按，甲午戰爭。

【圖四】刻有黎元洪頭像的紀念幣

總長。初發難時，革命軍頗有殺戮滿人者，黎都督既就任，傳令不得在城內放炮、不得妄殺滿人。一面派兵守藩庫、官錢局、儲蓄銀行、度支公所、財政處。於是武昌省城，全為革命軍所佔領。既佔武昌，即遣軍渡江，先至兵工廠，聲稱張彪派來保護之兵，廠中信之。革命軍分守各地，仍令照常工作，以供軍用，總辦王壽昌遁匿上海。與兵工廠毘連者有鐵廠，亦為革命軍所佔，以其為商辦也，不加改革，拘留其總辦李維格，照辦舊事。

其他漢陽官吏，逃匿無蹤，於是漢陽府城，又為革命軍所佔領。二十一日，有土匪在漢口華界乘機縱火，意圖擄劫，軍政府立遣數百人馳至，一面救火，一面擒匪，並盡力保護外人之生命財產。夏口廳王國鐸子身遠颺，遂推前《大江報》主筆詹大悲掌漢口軍政分府，於是漢口又為革命軍所佔領。當革命軍之初起也，外人疑其含有排外之性質，以為庚子拳匪之禍，將復見於武昌。及見革軍舉動文明，極為讚歎。二十二日，軍政府照會各國領事團，以保護租界自任，要求其嚴守中立，並聲明從前清政府所借外債及賠款，俱照約履行，以後如有借款，則不能承認。領事團會商，擬宣告中立，於兩方面戰事，毫不干涉，電詢各政府，均得贊成，則是各國已承認革命軍立為獨立團體也。

## ≈ 三　各省響應 ≈

武漢居本部之中樞，扼長江之上游；革軍得此，有

高屋建瓴之勢；而各地黨人，又皆以事有可為，宜乘此時機，互相響應。故武漢起事未及旬日，如本省之黃州府、武昌縣、沔陽州、宜昌府、襄陽府，及沙市、新隄等處，即次第為革命軍所佔領。各省之響應者，就其最先者言之，若湖南、陝西、江西、山西、雲南、安徽、江蘇、浙江、廣西、福建、廣東、奉天，或獨立，或舉兵，此外各省，雖因電信不通，當時未即知其現狀，然隸屬於清政府之下，已無幾矣！

長沙有新軍六百人，巡撫余誠格慮其為亂，先令駐紮城外，繼令移駐醴陵。九月初一日，該兵擄炮入城，防軍將閉城相拒，新軍一擁而入，遂進圍撫署。余誠格由後門逃去。防營統領黃忠浩帶兵往擊，新軍所部兵士不肯放槍。黃怒曰：「不發槍則以軍法從事。」兵士曰：「諾。」即以槍擊斃黃忠浩。提學兼藩司黃以霖、提法司劉鍾霖、關道汪瑞闓均逃匿；巡道戚朝卿、勸業道王曾綬因抵抗被殺，首縣陳瀠降而復逃，亦被殺。當時舉副統領焦達峯為都督、陳作新為副都督、譚延闓為民政總長，改諮議局為軍政府，分十五部治事。未幾又佔領岳

州府及衡州府。

陝省新軍，本多陝、甘之人，及恩壽撫陝，奏調王毓江充統協。王，皖人也；陝省新軍中自是遂多南人，前歲隨熊成基自皖逃出之軍士，幾全數援挈而至。此等軍士，平素主張革命，日肆鼓吹，於是全軍咸躍躍欲動，鄂事一起，聞風響應。九月初一日，有炮隊三營、工程隊二營、馬步隊二營，相率起事。先佔省城，焚電報局，自巡撫錢能訓以下，官吏逃避一空。初三日佔領渭南、臨潼各城。至初十日，潼關亦被佔領。

江西九江府自武昌起事後，風聲日迫。至九月初二夜，果有響應之舉。五十五標一、二營管帶，與炮台守將徐世法聯合舉事。先由教練官黃子卿商於標統馬毓寶，馬亦贊成。是夜十時，金雞坡炮台營先放號炮，城內新軍舉火為應，先奔道署，開槍轟擊，潯道保恆逃。繼分隊攻各署，九江府璞良等亦逃；即舉馬毓寶為駐潯統領、徐世法為駐潯炮台統領、李雲峯為駐潯副統領。九江府屬之湖口縣，為九江門戶，又為江西內河之要鍵，湖口總鎮楊福田調集炮艇，將與革軍戰。馬毓寶派兵擊敗之。

於是湖口炮台及彭澤縣之馬當炮台，同日皆為革命軍所佔領。未幾省城南昌府紳、學、商各界在諮議局開會，議宣佈獨立，辦保安團。首先出力者為測量司、測繪學堂、陸軍學堂管教各員，各督率學生，荷槍梭巡，擔任義務。各界復舉代表，問巡撫馮汝騤是否贊成，馮意兩可。眾謂此事不宜觀望自誤，致為民禍，遂聯合軍界，相約起事。初十夜，焚燒萬壽宮、八旗會館、撫署，行政官多潛匿不敢出，勒令馮撫交印。馮撫堅稱已送北京，無印可交。十二日，各界公舉吳介璋為都督，劉鳳起為民事部長，方先亮為司令部長，設軍政府於高等學堂，守護藩署存款，外屬府廳州縣，仍令照舊治事。

山西新軍兩營，久蓄變志，因無子彈，故未動作。適陝西警報至，巡撫陸鍾琦擬派新軍往陝邊防堵，於初七晚發給子彈糧餉，定於次日拔隊啟行；初八日早軍隊全變，槍聲四起，蜂擁入城，直至撫署，縱火焚燒，一面登城開槍，向城內轟擊。城內雖有滿營兵丁，向無子彈，事起倉猝，咸束手待斃。滿城居民，紛紛逃避，巡警道亦不能彈壓。該軍又分出一支，乘正太火車，由壽陽直

奔井陘口，正定鎮派馬步隊往拒，始退守娘子關。陸鍾琦被殺，乃推戴藩司王慶平為都督。

雲南總督李經羲知軍隊之將變，持先發制人之計，命可疑之軍隊，於某日黎明期時早操，忽發令將槍械收回，軍人大震。九月初十晨，標統蔡鍔【圖五】率所領往奪槍炮廠，繼攻督署，酣戰終日，至翌晨蔡軍始勝，李經羲向南門逃去。蔡軍又乘勝佔領蒙自。蔡遂被眾擁戴為都督，旋即照會英、法等國領事，力任保護外人，並撫慰回苗生番等。

安徽自武昌事起，新、舊軍概發子彈。至九月初，抓有新軍變亂之謠，復將子彈收回。初九日，新軍紛攜被鋪，至城中各典，每件索當三元，各典窮於應付，將閉門。巡撫朱家寶撥款助之，幸得無事。初十夜，六十二標步兵暨馬炮營並起攻城。朱家寶立飭由南京調來之江防營守紮各城，新軍以無內應，各散去。朱家寶遂飭各營長官，按人發給銀六元，令繳軍裝，全體遣散。紳界中以新軍起義，事雖未成，難免不作後圖。人心惶惶，尤屬可慮，羣議獨立之策，請朱家寶擔任臨時都督，朱

【圖五】蔡鍔

家寶許之，遂於十八日宣告獨立。旋有人舉測繪監督王天培為副監督，朱家寶以事權不一，不願擔任。王天培遂自為都督，然資望既淺，商民不願擁戴，於是二十日全城閉市，要求朱家寶仍任都督之事。

江蘇之上海為通商大埠，且有製造局，固革命軍必爭之地也。九月十三日，閘北巡警局左近火起，各巡士皆臂纏白布，與革軍合。俄而城上高懸白旗，夜間道署被焚，進攻製造局，以該局有備，至翌晨始得手。於是公舉陳其美【圖六】為滬軍都督、李平書為民政總長。是夜即有革命軍五十餘人，由滬赴蘇，先至新軍標營，宣告一切。蘇州紳商，早經舉代表謁巡撫程德全，請其宣佈獨立。十五日黎明，新軍各隊，先後進城，一面駐守關要，一面請見程撫，推為都督，程德全允之。藩司左孝同、巡警道吳肇邦、織造文蔭均避去，是時已滿城懸白旗矣。十六日，松江府、錢江府均宣告獨立，京口駐防旗營，亦順革命軍。十九日，揚州亦為革命軍所佔領。

浙江省城，早思獨立，內部部署已定，惟未發表。

【圖六】陳其美

九月十三夜，諮議局沈副議長謁巡撫增韞，請拆卸滿城營牆，編入漢籍，宣告獨立，以免慘見殺伐，增韞不允。次日十四下午，召集官商，會議至晚上八時，仍未允洽。是夜二時，有滬來敢死隊，聯合浙軍八十一、二兩標新軍，直攻撫署，連擲炸彈，撫署遂焚。衛隊、巡警、消防等，見事已起，均袖綴白布，革軍遂取用衛隊軍火，順道佔領軍裝局，防營亦降。增韞被禁於福建會館，織造聯榮亦被拘禁。臨時都督童訓出示安民，並派支隊分據

大清銀行及藩運各庫。十五日，改諮議局為軍政府，舉湯壽潛為都督。旗營四周被圍，革軍命增撫致函將軍德濟，勸旗營投降。旗營不允，反槍擊投函者，於是革軍亦開炮攻擊。午後由杭辛齋邀穆詩樵入營，貴翰香出營，至諮議局會議，訂簡約兩條：一、旗兵編入民籍，限本日七時，繳出槍械子彈；二、旗兵雖改編民籍，仍照舊發給兵餉，俟時局稍定，為徐圖生活之計。貴翰香入營宣佈，至七點後，營兵繳槍械，革軍亦停止圍攻，大局已定。而外屬各府，如紹興、寧波、湖州、嘉興等，既同時改懸白旗，餘亦次第傳檄而定。

廣西省於九月十六日，諮議局議決獨立，由議長面謁巡撫沈秉堃，請為宣佈，沈未遽允。是時省垣新、舊各軍，已歸藩司王芝祥統帶。是夜，由藩署發出獨立旗許多，乘人靜時，遍擲於各家。十七日，各家各局所均將此旗高懸，其文曰：「大漢廣西全省國民軍恭請沈都督宣佈廣西獨立。廣西國民萬歲！」沈秉堃至此時亦無可如何，而於是廣西亦獨立矣。

廣東省城各團體於九月初四日在文瀾書院會議，已

主張獨立，總督張鳴岐亦經認可。然是日主動者為清鄉總辦江孔殷【圖七】，香港共和黨人不信任之。故初八日復有愛育善堂之集議。是日即有人持白旗，大書「廣東民團獨立」字樣。各舖戶亦懸旗張燈，燃放鞭炮相慶賀。張鳴岐聞之，急派人扯去旗燈，出示禁止。粵垣人心，異常憤恨。至十八日，復在諮議局集議獨立，舉定張鳴岐為都督，龍濟光副之，議以次日正式公佈。不料張鳴岐即於是夜避往香港，各行政官亦先後逃去。十九日，各團體復在諮議局會議，舉定胡漢民【圖八】為都督，蔣尊簋為軍政部長，陳景華為民政部長。胡未到省，以蔣為臨時都督。

福州未發難之時，革命黨草長文一篇，勸滿人釋械，同為共和國民，滿人不應。既而諮議局副議長劉崇佑自滬歸，閩督松壽與商和平辦法，劉擬三條件：一、繳出槍械；二、仍給口糧；三、編入民籍。松督又不肯照辦。十九日，革命軍起，常備軍及青年會義勇隊等，聯合攻擊旗兵滿洲街及將軍衙門，皆被焚毀，火藥庫亦已佔據，松督仰藥出署，死於某畫師之家。將軍樸壽、都統勝恩

【圖七】江孔殷

【圖八】胡漢民

同被拘禁。常備軍統制孫道仁被舉為都督、高登鯉為民政部長、劉崇佑為副部長。

山東各界紳士，以各省風鶴頻驚，又聞清政府向德國借款三百萬，以山東全省土地作抵，遂於九月十五日在諮議局開會，以八事要求政府，請巡撫孫寶琦代奏，如三日不答覆，即宣告獨立。但其所求之八事，實亦與獨立無異。十九日，既得內閣覆電；二十日，即改組保安會，舉夏紀元、于普源為正、副會長；二十一日，又決議實行聯邦政策，即舉孫寶琦為臨時都督，改諮議局曰聯合會，於是宣告獨立。

奉天旗、漢雜處，逼近強鄰，情形與南省不同。自九月十八晚接京師警電，人心惶懼異常，市面震動。忽有剪髮者四人來諮議局，要求吳議長豎立白旗。吳以事關重大，婉言拒絕。民政司張元奇擬仿照各省辦法，佈告獨立。然此策實非奉天所宜，在座各司道及自治各團體，均不贊成。是時旗、漢居民，深恐互起猜嫌，激成意外。二十日晨，由學界發起，聯合各界，無分種族，倡辦聯合保安會以保公安。東督趙爾巽被舉為會長。蓋奉

天以對外之關係，不能用獨立之名義也。

此外未告獨立之省固已無多，且兵變時聞，亦有待時而動之勢，如灤州軍隊有改換軍旗之風說、保定軍隊有據守軍械局之傳聞，而河南諮議局亦以獨立之辦法，派人與袁世凱協商矣。獨立者，脫離政府之謂也；脫離政府者，贊成革命之謂也。武昌發難，而贊成者幾遍全國，革命主義之流行，可謂速於置郵矣！

## ≈ 四　清政府之對付 ≈

八月二十日[6]午後一時，武昌警報達北京。是日，內閣總協理聚謀於慶邸[7]，徹夜未歸。瑞澂電奏，有「速派北兵來鄂，願粉身恢復」等語，二十一日有旨，瑞澂着即革職，仍暫署鄂督，責成迅將省城克復。一面內閣開特別會議，以革命軍之志非尋常可比，議決派兵前往，隨即

---

6　編者按，這處是指舊曆。
7　編者按，即慶親王官邸。

有旨，令陸軍大臣廕昌，統帶近畿兵兩鎮，速即赴鄂勦辦，又令薩鎮冰【圖九】率海軍、程允和率長江水師，即日赴援。二十二日，廕昌請訓，坐專車出發，指定第六鎮全鎮，第一、第四鎮各派一混成協，自是日起，分五日陸續進發。第六鎮原駐保定，於本日進發抵豫後，暫令留守黃河鐵橋，以阻革軍北上。第一鎮原駐北京，第四鎮原駐永平馬廠，先後起行。是日豫撫寶棻令豫軍兩營駐紮灄口，會同北軍前進。二十三日，廕昌之前哨軍隊，馳抵距漢口二十餘里之劉家廟駐紮。是日有旨，湖廣總督着袁世凱【圖十】補授，並督辦剿撫事宜，廕昌、薩鎮冰所帶水、陸兩軍，着袁世凱會同調遣。二十四日，統帶官馬繼增率第二十二標抵漢口，駐紮江岸。二十六日，廕昌行抵信陽州，軍隊陸續到漢，海軍提督薩鎮冰乘楚有兵船亦至。所統建安、建威、江元、楚豫、楚泰、楚謙各炮船，湖隼、湖鷹、湖鶚及辰宿各雷艇，咸開駛漢口江心下碇。當北軍之南下也，有獻計於黎元洪者，請拆毀京漢鐵路以阻其來。黎意以為北軍來，必與革軍聯合，不允毀路，亦不先遣軍隊迎截，故北軍得以直抵漢

【圖九】薩鎮冰

【圖十】袁世凱（第一排左起第二人）

口，而漢口遂為戰場矣。是日下午，張彪殘兵約兩營在劉家廟一帶，與革軍開始小戰。二十七日，北來豫軍及張彪、陳得龍之殘兵共約一鎮，革軍亦約一鎮，天明開戰，革軍頗奮勇，北軍避入火車，飛馳而退，革軍追之，北軍就車中還擊，革軍頗受夷傷。時觀者甚眾，有劉仁祥及鐵廠工人多名，譁而起曰：「拆路！拆路！」轉瞬路已拆斷十餘丈，車去已遠，有頃忽又飛馳，至路斷處，車即翻倒，革軍伏兵起，趁勢力擊，北軍死者以千計。午後四時又開戰，北軍添以炮隊，薩軍兵艦又開炮相應，革軍還炮中艦上，兵艦即駛退下游。陸上兩軍互擊，至二時，北軍又敗，退三十餘里。二十八日，革軍黎元洪親自督戰，派敢死隊一千五百人，於早晨渡江，逕至劉家廟。至十一時，聯合兵隊，槍炮齊開，北軍隨戰隨退，至某鐵橋，有卸甲者、有退跑者，槍械彈藥，均為革軍所獲。是日江心所泊之兵艦，始亦開炮助戰，未幾，即駛退下游。二十九日，艦隊復上駛，北軍與革軍在七星河開戰，兵艦向前助戰，施放數炮之後，因受武昌、漢口兩面之炮擊，即下駛。兵艦既退，陸軍勢孤，亦為革軍所敗。三十日，兩軍復在三

道橋一帶交戰，革軍敢死隊伏一堤下，彈擊北軍，每發皆中，北軍陣山上，炮彈向下轟擊，多落堤後水中，北軍敗退，退至瀺口以北。九月初三日，兩軍在朱家河開戰，互有損傷，不分勝負。初四日，交戰於七里河，亦互有損傷。初五日，北軍進攻江岸車站，前哨已抵一道橋，為革軍所擊退。初六晨，瀺口駐屯之北軍，向前進發，抵二道橋，與革軍相遇。革軍退，北軍遂進一道橋，與革軍開戰，炮隊發彈多命中，革軍又退。北軍進佔江岸及戴家山一帶，以炮轟車站。時泊於陽邏之兵艦，亦開炮助攻，革軍發炮多不中，遂沿鐵路線退至大智門。午後七時又開戰，經三小時，北軍用野炮向大智門開發，於鐵路線上排列機關炮。革軍分為兩路：一出跑馬場，一出日本租界後，兩軍大戰，頗為劇烈。有頃，革軍不支，北軍遂奪得大智門。是戰也，兩軍死者各近千人。是日有旨，湖廣總督袁世凱授為欽差大臣，海、陸各軍，均歸節制。又令陸軍大臣廕昌回京，將第一軍交馮國璋統率，令段祺瑞總統第二軍。初七日，北軍由大智門進攻，革軍據歆生街之附近為根據地，交戰數次，各相持不下。初八日，革軍李克

果率湖南精兵三千、金長率武昌精兵二千，向大智門進攻，北軍大敗，適有援軍至，遂併力擊退革軍。是時北軍已有鐵路全線，得以迅速進軍。炮馬隊本駐灄口以北者，至是進駐劉家廟、大智門一帶，馮國璋亦已到漢。當晚北軍又進攻，用大炮先毀民房。於是跑馬場附近一帶，至市街前部，盡為北軍所得，惟市街內則仍為革軍所據。初九日，北軍縱火焚燒華界民房。初十日，北軍之步兵分佈於鐵路兩面，炮隊列陣於玉帶門、大智門車站附近，與華界革軍交戰，十分猛烈，北軍共死三千五百餘人。十一日，北軍仍在漢口華界縱火，被焚民房，不下千數百間，居民紛紛逃避，革軍盡退入武昌、漢陽。是日有旨，以袁世凱為內閣總理大臣，督師如故。十二日，漢口火未熄，華界盡成焦土。十三日，革軍黃興受總司令官之印。十四日，漢口兩軍又交戰。薩鎮冰之軍艦亦在武昌下游開炮火助攻，革軍發青山上之炮數下，北軍不支，退出火車站。是日清廷有旨，令袁世凱所統各軍停止進攻。十五日又交戰，革軍由鳳凰山開炮攻大智門，北兵死者甚眾，降者四百餘人。北軍復設大炮於跑馬場，為攻漢陽之用。十六

日，袁世凱奉到清廷停止進攻之諭，囑劉承恩致書黎元洪議和。書中述清廷之德意，分為四大綱：一、下罪己之召；二、實行立憲；三、赦開黨禁；四、皇族不問國政。末則以富貴利達歆動元洪。元洪拒之。十八日，兩軍又交戰，漢陽、武昌、漢口三處，均用大炮，彼此轟擊，北軍漸退，捨大智門車站而去。十九日，北軍千餘人，攜大炮數尊，由馬路至橋口，革軍自龜山發炮數次，擊散其步隊，北軍亦燃炮回擊。其後武昌、漢陽兩處，時以炮擊漢口之北軍。遂將北軍所據之炮台，悉數毀壞。二十日，北軍圍攻漢陽，炮聲大作。革軍炮台四面還擊，傍晚始止。是日北軍又在招商局碼頭躉船上，專擊乘船渡江之人，斃者不少。各國領事出而阻止之。此匝月以來清政府與革命軍交戰之大略也。

至若兵事以外，清政府之對付革命之變，亦可得而言焉。八月二十九日曾有旨，「着廕昌、岑春煊、端方仰體朝廷德意，沿途宣佈，妥為撫輯，被脅兵民，准予自新，不咎既往，搜獲名冊，立即銷毀，毋得株連。」九月初一日懿旨：「將孝欽皇太后遺帑內撥銀二十萬兩，交袁

世凱賑濟湖北災民。」初五日懿旨：「賞內帑銀三萬兩，充慈善救濟會拯濟之資。」十四日有旨：「各省統兵大員，務當申明紀律，嚴禁騷擾。」十九日有旨：「准呂海寰奏，推廣慈善救濟會，按照紅十字會章程辦理。」清政府又以為禍亂之源，由於郵傳大臣之違法斂怨也，故初五日有旨：「盛宣懷着革職永不敍用」；知鄂變之起，亦影響於川事之操切也，故同日有旨：「分別懲處四川地方官趙爾豐、田徵葵、周善培等而被拘之。蒲殿俊、羅綸、鄧孝可等，則行釋放」；知四海怨望，起於慶內閣之不負責也。故十一日有旨：「准內閣諸臣之辭職」；知事變已急，非有切實之讓步，未易挽救也。故初九日，特下罪己之詔，又有「允將憲法交資政院協贊，允內閣不任懿親，允速開黨禁」等諭旨。十三日，又允將憲法重大信條十九條宣誓太廟；且十二日諭旨，於第二十鎮統制張紹曾等之要求，則嘉其愛國之誠。十五日諭旨，於主張革命之黨人，亦准其按照法律，改組政黨。舉從前所深閉回拒不少假借之事，一旦取懷而予，曾不之靳。觀於此，亦可見清政府之不無戒心矣。

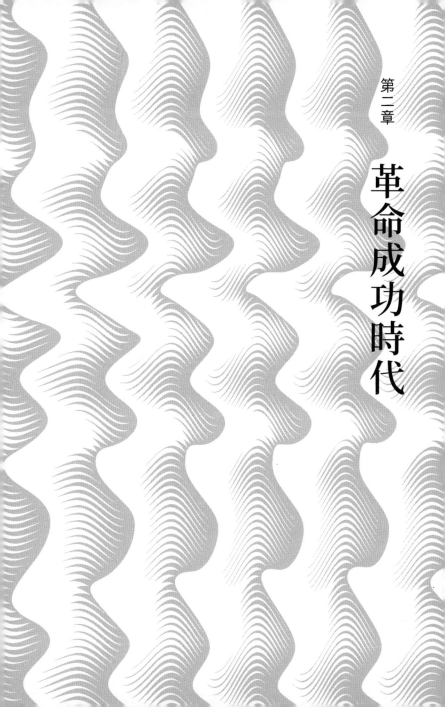

第二章

革命成功時代

## ≈ 一　各省之狀況 ≈

　　各省響應之較晚者，為貴州、四川、新疆三省。貴州起事，在九月十四日，以地勢僻遠，故得耗較遲。其起事也，由軍界發起，聯同政、學兩界，在諮議局議決，宣佈獨立。十四日黎明，新軍防營、陸軍學生同時入城，分守藩庫、火藥局等處，改諮議局為軍政府，舉新軍教練官楊柏舟為都督、新軍隊官趙德全為副都督，並由外屬寓省同鄉各舉代表，回籍籌辦一切，以期互相聯絡。

　　四川響應，以重慶為最早。十月初一日，重慶城內，有中華民國軍政府蜀軍總司令處告示，略謂：「本軍起義，以興漢排滿、保教安民為宗旨，定期明日入城，人民當照常安業」等語，並派代表與各團體紳商接洽，約次日四時入城。紳商恐有衝突，乃向重慶府及巴縣說以利

害，請速定計，府縣皆允贊同。至初二日，全城懸掛白旗；四時，民軍首領十餘人入城，道府縣將關防印信交出，公舉張培爵為都督、夏之時為副都督。初三日，店舖照常開市。至初五日，瀘州又復響應。先一日，有鄂軍政府幹事隊二人，會同後路巡防統領，入城謁見川南道。是晚，川南道即請各界紳董入署密商。次日復議於勸學所，至十二時，遂宣佈獨立。公推川南道劉朝望為都督。其時省城成都府紳商，亦提議獨立。至初六日，乃與總督趙爾豐商定川省獨立事件，川人要求十一條，趙要求川人十九條。其中要件，川人所要求者為行政事宜歸川人自辦，軍隊由趙酌併，務求統一，趙仍辦理邊務等事。趙所要求者為不排滿、不仇官、不排外，邊防各費由川擔任，藏款照舊協濟等事。彼此公同認可，即於初七宣佈獨立，舉蒲殿俊為都督、朱慶瀾為副都督。

新疆之伊犁將軍志銳，未抵伊犁之前，與甘督長庚等謀擁立清已廢大阿哥，偏安甘、新。抵任後，即暗調滿、蒙兵隊，遣散陸軍。事為民黨同志楊纘緒、馮特民偵悉，乃聯合回民，攻擊軍庫，捕戮志銳，公舉廣福為新

伊都督，各部落先後歸附。

其他未響應之各省，亦多有表同情於革軍者，以無兵力及兵力薄弱未能起事，或起事而為清軍兵力所制，旋即失敗。茲就其可以紀述者列如下：

河南嵩縣王天縱，九月間由南陽回嵩，募勁旅七千人，於十月十三日圍洛陽城，並攻偃師縣，擊洛陽大佛寺，與清軍戰，大勝。復回嵩縣，襲孟津，旋以軍火不足，且得秦軍王司令文告，停戰期內，戒勿妄動，乃拔隊回駐獨立山，隻身赴陝，與秦軍接洽機宜。復回汴，調嵩、洛、汝州民民軍一萬餘人，分駐盧、汝間，以扼要隘，適北兵違約進攻秦軍，天縱率隊襲其後，北兵敗潰，靈寶縣遂為秦軍所得。

奉天民軍之首先發難者，為駐紮莊河之顧人宜兄弟，並有安東之鮑軍與之聯絡，名為「滿洲征清第一軍」，公舉前奉天陸軍協統藍天蔚為關東大都督，規劃機宜，而遼陽州城西劉二堡，亦有民軍起事，推徐景清為首領，惟以軍火未見充足，故不能銳意進取。

直隸第二十鎮四十協駐紮灤州之軍隊，於十一月初

十日，通電北京清內閣、順直諮議局。民軍伍代表，力主共和政體，願參入民軍之列。清內閣得電後，派通永鎮王懷慶馳往勸慰暫緩舉動，以俟國民會議。王抵灤後，該軍即擁以為北軍大都督，擬十四日率師北上，並用王之名義，致電天津領事團，擔任保護外人生命財產。王佯以籌餉為名，逃至開平，發電報告直督，轉電袁世凱，派姜桂題軍前往。姜軍乃乘其不備，將各軍官掩獲。王懷慶復電袁世凱，添派第三鎮兵，暨直奉巡防營圍紮灤州，於是灤軍迫於兵力，相率解散。

此外如王熙普之在天津運動起事，奉天急進會副會長柳大年在寧遠州圖謀舉義，河南省城張鍾瑞之集會，均以勢力未厚，中途失敗，且以身殉。然其傾向共和，贊同革命，則與響應各省同茲目的。其事其人，亦有足多者，不能以成敗論也。

各省中之最足阻戰事之進行而為革軍之障礙者，莫如山東取消獨立一事。初山東之宣佈獨立也，孫寶琦本非絕對贊成，而第五旗新軍亦多模棱兩可。獨立後，孫仍電奏清廷，一俟大局定後，中興政府完全無缺，即行

取消，且有臣受國厚及臣罪當萬死等語。其告示亦仍用宣統某年月日一切佈置，與清廷關係尚未斷絕。旋聞袁世凱到京組織內閣，第五鎮將校多為袁之舊部，乃起而反抗。山東京官亦貽書詰責，寶琦懼，乃取消獨立，奏請懲處，於是革軍經營北省之勢力為之一挫，而清軍遂得無所顧忌，致其兵力於晉、豫之間。

若夫獨立後復小有挫失者，為山西、陝西、安徽三省。山西自九月初八響應後，清廷以吳祿貞為巡撫山西都督。閻錫山欲與祿貞謀，聯軍北上，適祿貞被刺，不果行。清廷乃命曹錕率兵一鎮攻山西。十月初旬兩軍疊次開戰。初九日，清軍攻石家莊。十五日，佔大同府。十九日，山西軍政府得停戰議和之電，防禦稍疏。二十日，清軍突至乏驢嶺，復以他隊繞襲民軍之後。二十二日，攻據娘子關。娘子關為省城門戶。此關既失，太原無可扼守。閻都督乃率師南行，擬與秦軍合。於是山西省城，遂仍為清軍所有矣。同時陝西潼關亦被清軍攻據，而倪嗣沖復率軍攻襲安徽之潁州。

## ≈ 二　海軍之歸附 ≈

民軍佔領上海後，有停泊上海高昌廟、楊樹浦二處之兵艦，名楚有、建安、策電、飛鯨者四艘，運船名登瀛洲者一艘，魚雷艇名辰字、宿字、列字、湖鶚者四艘，均懸掛白旗，歸附民軍。

越數日，海軍艦隊之在長江上游者，因米煤缺乏，駛至鎮江，又恐象山、焦山等處炮台轟擊，不敢前進，停泊江心。鎮軍都督府特派人登輪，勸其歸附，該艦隊遂一律懸掛白旗，計共有兵艦鏡清、保民、楚觀、聯鯨、江元、江亨、建翅、通濟、楚同、楚泰、飛鷹、楚謙十二艘，暨魚雷艇名張字者一艘。鎮軍政府當將兵弁、水手，一律給發雙餉，暫駐長江，聽候調遣。

同時復有海籌、海琛、海容三艦及湖鷹魚雷艇在九江歸附。蓋海軍各艦，多表同情於民軍者，故武漢戰事，初未開炮助清軍轟擊。即不得已而發炮，亦不願命中。二十一日，三艦奉命由漢口下駛，行至半途，乃公同商議，決計歸附。二十三日，抵九江，即懸白旗，表

同情之意，並拋錨於租界，以釋羣疑。旋由軍政府派員至艦，接洽一切，並商請移泊華界，以助軍威。此外復有南琛、鈞和二艦，由長江抵滬，投入民軍。該兩艦戎裝均甚完備，旋仍開赴長江，與各艦會合。餘如楚豫、建威、江利、江貞、湖鶚、湖隼、虎威、江平、舞鳳、建武、甘泉各艦，亦先後歸附。嗣由鄂軍政府委任吳應科為海軍總司令、黃鍾瑛為海軍司令部長，以一事權而專責成。

## ≋ 三　南京及武漢之戰事 ≋

南京者，據長江天塹之險要，扼鄂皖與蘇滬之交通，民軍所必爭，而亦清軍所必守者也。清廷於無事之日，常駐重兵於其間，且有駐防旗兵，協同鎮守。自武漢發難而後，總督張人駿【圖一】即陸續調集江防營，分紮要隘；又以各省新軍，多附革命，遂疑及駐寧第九鎮之新軍。既拒該軍統制徐紹楨給發子彈之請，且檄令移

【圖一】張人駿

駐秣陵關，而以扼守南京之權授之江防統領張勳【圖二】。
新軍本多贊同革命者，既遭嫌疑，人心愈憤，遂於十八、
九日，進攻雨花台，因子彈缺乏，未能獲勝，退駐鎮江，
適蘇、浙、滬所派會攻南京之兵，先後至鎮，徐軍子彈，
亦由上海置配完備，遂公舉徐為聯軍總司令，二十六日
由鎮江出發，進攻南京，皖、粵、桂三省亦派兵來會。
初四日，聯軍與張軍戰於孝陵衛，佔烏龍山炮台；初五
日佔幕府山炮台。初六日，復與張軍戰。張軍大敗，遂

【圖二】張勳

進迫神策門，攻襲獅子山。初七日，佔孝陵衛、獅子山，分三路進攻。初十夜佔領天保城，十二日佔領雨花台，攻入南門、太平門，南京全城遂為民軍所領。其隔江之浦口為張勳大本營駐紮地，民軍亦乘勝攻佔之，分兵屯駐，以禦南下之清軍。

武漢自九月二十日後，仍繼續攻戰。二十一日，民軍以清軍在招商局躉船上槍擊行人，特開炮向躉船轟擊，清軍死傷甚眾。是夜，民軍游擊攻及漢陽黑山與龜山之炮台，均開炮轟擊清軍。二十二日晚，漢口清軍炮擊武昌。二十三日，又向漢陽攻擊，民軍還炮擊之，毀其一炮。武昌鳳凰山與漢口龍王廟北軍之炮台亦互相發炮，兩軍俱未大傷。二十四日，民軍炮擊清軍，復偵知北軍內鬨，乘勢分三路渡江攻擊，清軍大敗，退紮歆生路。二十六日又戰，民軍佔橋口。二十七日，民軍分兩隊攻漢口。一隊由黑山潛赴漢水，一隊由孝感包圍，清軍不支，退駐大智門，其大營之在劉家廟者出大隊抵抗，民軍仍回漢陽。是役也，兩軍死傷甚眾。二十八日，民軍分三路進攻，互相攻戰，無大損傷。二十九日午後，

兩軍交戰頗劇，海軍軍艦，開炮助攻，清軍大創。三十日兩軍開炮，互相遙擊。十月初一日，清軍炮攻漢陽兵工廠，為民軍還炮擊退。初二日，民軍佔梅子山。初三日，清軍持白旗偽作民軍裝束，佔雨淋[1]、美娘山，民軍迎擊，各死千餘人。初四日，清軍一鎮盡赴雨淋山，將以全力爭漢陽。雨淋山遂為清軍所佔，旋又為民軍奪回。初五日，兩軍接戰甚烈。初六日，清軍佔黑山、龜山、四平山、梅山，民軍退守武昌。初七日，清軍復佔漢陽府。是役也，清軍潛通民軍台官張某，使為內應，故黑山、龜山之炮皆不發，而地雷火線亦被斷。又以在漢陽之湘、鄂兩軍，微有意見，遂至不守。蓋自起義以來，未有如此次之挫失者。嗣後武漢略有小戰，至十三日，則停戰之約成，兩軍遂各據佔領之地，而不復交綏矣。

---

1　編者按，應指雨淋山。

## ≈ 四　和議之進行 ≈

袁世凱未到京之先，曾派蔡廷幹、劉承恩至鄂，與黎元洪議和。黎以所開條件仍主張君主立憲，拒不納。十月中旬，駐漢英領事出為介紹，日本、德、美、俄、法各領事亦極意贊成，遂邀集兩軍代表，會議於英領署，議定雙方停戰討論和局。於是清政府乃派唐紹儀【圖三】為內閣總理代表，其參贊隨員為楊士琦等二十餘人。民軍亦公舉伍廷芳【圖四】為民國代表，並舉溫宗堯【圖五】、王寵惠【圖六】、汪兆銘【圖七】、鈕永建為之參贊。

十月二十八日，兩代表會議於上海英租界之市政廳，與於會場者，除代表所帶參贊外，復有英、日、德、美、俄、法各國領事，及發起調停之西商李德立等數人，惟於會議事，絕不干涉。至十一月初一日，復為第二次會議。兩次所議，伍代表始終堅執改設共和政體，要求清帝退位，並聲言如清廷不承認共和，即無可開議。唐代表知難磋商，即據以電達內閣。內閣以退位問題，關係重大，乃開內閣會議，一面據情奏聞，一面全體辭職。

【圖三】右一穿清朝官服者為唐紹儀

【圖四】伍廷芳

【圖五】溫宗堯

【圖六】王寵惠

【圖七】汪兆銘（左起穿長衫者第一人）

清太后即於初九先後召集親貴暨內閣大臣，商議辦法，決定頒召集臨時國會議決政體之旨。唐代表既奉此旨，復與伍代表於初十、十一、十二、十三日繼續開會，將召集國會辦法議定四條：（一）國民會議由各處代表組織，每一省為一處，內外蒙古為一處，前後藏為一處；（二）每處各派代表三人，每人一票，若有某處到會代表不及三人者，仍有投三票之權；（三）開會之日，如各處到會之數有四分之三，即可開議；（四）各處代表，江蘇、安徽、江西、湖北、湖南、山西、陝西、浙江、福建、廣東、四川、雲南、貴州由中華民國臨時政府發電召集；直隸、山東、河南、東三省、甘肅、新疆由清政府發電召集，並由民國政府電知該省諮議局；內外蒙古、西藏由兩政府分電召集。以上四條，已簽定矣。惟餘會議地點及日期未經議定。詎十四日（陽曆正月初二日）得袁來電謂，唐代表權限所在，祇以切實討論為範圍，其所議各條未與本大臣商明，遽行簽定，本大臣以其中有必須聲明及礙難實行各節，電請唐代表轉致，嗣據唐代表一再辭職，現經允准。自後應商各事，由本大臣與貴代

表直接電商，冀可和平解決云云。於是議和之局，為之一變。

伍代表既得此電，即覆以唐使來滬，攜有全權代表文憑，五次會議所訂各條，一經簽字，即生遵守之效力，來電所云，不能承認；又以應商各事，非電報所能盡悉，電請袁來滬面商。嗣是伍、袁往來電文，均於代表權限及國會選舉方法，與夫地點日期，反覆辯難，並以商議需時，復將停戰期展續，限十四日。

此停戰期中，適清帝有退位之說，遂由伍代表以清帝退位後優待條件及優待滿、蒙、回、藏人條件，正式通告內閣。惟因清廷有少數親貴把持反抗，而禁衛軍亦反對甚力，清內閣遂不能作正式之答商。

至陽曆二月五日，始得袁氏電告，謂現已有權討論此事。適清軍統將段祺瑞【圖八】聯合統兵大員四十二人，先日電請清廷早佈共和以定大局，於是障礙悉去。優待條款，既得正式磋商，且復易於就範。至十二日，而清帝退位之詔下矣。和議告成，民國統一，蓋自開議以來，以至退位之日，其中事機百變，枝節橫生，補救調和，頗

【圖八】段祺瑞

費心力。然經一次挫折，即多一次進步，免生民於塗炭，納五族於共和，謂非和議所收之良果歟？


## ≈ 五　邊境之被動 ≈


　　革命事起，全國既聞風景附矣；而邊境之因革命而被動者，亦有足記。

　　蒙古庫倫活佛者，蒙人所奉之教主也。與清庫倫辦事大臣三多夙多惡感，聞武昌起事，蒙人遂勃勃欲動。十月十一日，活佛率蒙兵至辦事大臣衙門，要求兵餉，三多未允，活佛遂宣言如無兵餉，應即出境。蒙人愈聚愈眾，聲勢洶洶，三多乃倉皇出奔，避匿俄領事署。而活佛遂即宣告獨立，聲言無論漢人、滿人，均應立出蒙境。三多旋由庫倫起程，取道恰克圖，由西比利亞鐵路回京，而庫倫遂脫離清廷之羈絆矣。

　　清廷派駐西藏之軍隊，因川路事起【圖九】，協餉無着。九月二十三日，駐紮拉薩之兵，首先變亂，擁至兵

【圖九】位於四川成都市人民公園西北部的辛亥秋保路死事紀念碑。
四川保路運動是中國近代史上重要的一頁。

備處搶劫軍火。清駐藏參贊統領等策騎至營開導，眾兵以勢成騎虎，要求參贊統領眷屬來營居住，以為信質。二十四日，叛兵復圍攻辦事大臣聯豫衙署，庫中軍械、銀幣，悉數劫散，商民店舖，亦多被搶劫者。二十五日，叛兵復以要求聯豫勤王為名，劫之至札什城大營。十月初一日，復送之回署。嗣聞英國將派兵平亂，始陸續潰散，而波密、江孜等處，亦相繼騷動。

他如騰越廳干崖土司刁安仁承滇省響應革軍之際，率土勇數千人，取道永昌府黃達鋪進攻大理府。而西南蒙人，亦驅逐清廷將軍參贊，擬在烏里雅蘇台建國。黑龍江邊境之蒙人復暗引俄兵侵佔臚濱府。凡此舉動，與革命事業，關係不明。皆以革軍起義，乘機變動，不得謂非受革命之影響者也，故併及之。

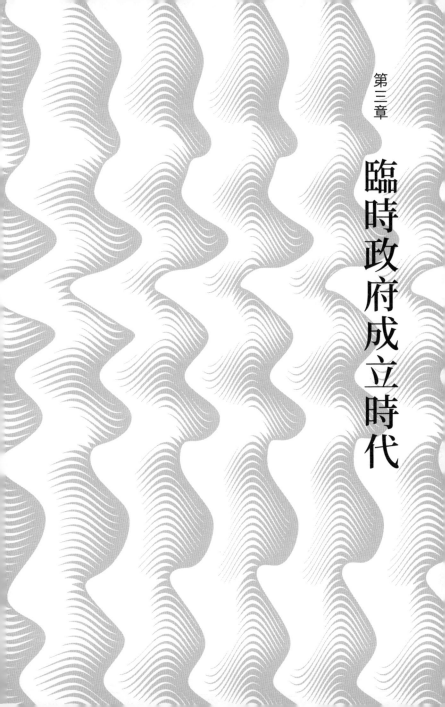

第三章

臨時政府成立時代

## ≋ 一　臨時政府之組織 ≋

武漢倡義甫一月，而湘、秦、晉、滇、贛、黔、浙、蘇、桂、皖、粵、閩各省，先後響應，宗旨雖同，機關互異。當事者以對內對外之不可不亟謀統一也，乃往返電商，籌議組織。先由鄂軍黎都督通電各省，請派員到鄂會議，浙軍湯都督、蘇軍程都督亦致電滬軍陳都督，略謂：「美國革命，苦戰八年，卒收最後之成功者，賴十州會議總機關有統一進行維持秩序之力。其第一次、第二次會議，均僅以襄助各州議會為宗旨；至第三次會議，始能確定國會，長治久安。吾國急宜仿照美國第一次方法，於上海設立臨時會議機關，磋商對內對外善要方法。」其附提議大綱三條為一公認外交代表、一對於軍事進行之聯絡方法、一對於清皇室之處置。滬軍陳都

56

督復以民軍倡義伊始，百凡待舉，無總機關以代表全國，外人疑慮，交涉為難，因電致各省，公舉代表，赴滬開會議建臨時政府。於是各省都督，皆先後選舉代表，剋日首途，其未光復各省，則由諮議局公舉。十月初旬，代表之行抵上海凡十省；其贛、粵、桂三省，則以鄂省先有請派之議，逕至武昌。此十三省均贊成組織臨時政府統馭全國之說，即由十省代表在上海會議，先推武昌為中央軍政府，並提議武昌既為中央軍政府，各代表即應前赴武昌，惟滬上仍留一通信機關，以便接洽機要。

當代表團未全體到鄂之先，各省軍政府以代表到鄂，尚需時日，外交應付，不容稍緩；乃先後電致鄂垣，凡民軍佔領各省，公推黎都督為民國中央政府代表，而以鄂省為暫時民國中央政府，凡與各國交涉，有關民國全體大局者，均由黎都督代表一切，同時有已到鄂省之各省代表，亦以是為言。黎都督乃據情照會各領事，並聲明「凡民軍舉義之先，所有滿清政府與各國締結之商約及所有借款之債權，均有效力。至武昌義旗既舉之後，無論滿清政府向何國所借之債及所結之條約，則概

不承認。」

　　同時黎都督復通電各省，略謂：「大局粗定，非組織臨時政府，內政外交，均無主體，極為可危。前電請舉員會議，一時未能全到。擬變通辦法，先由各省電舉各部政務長，擇其得多數票者，聘請來鄂；以政府成立，照會各國領事，轉稟各國公使，請各本國承認，庶國基可以粗定。」並擬將臨時政府，暫分為內務、外交、教育、財政、交通、軍政、司法七部。各省得電後，即各致電推舉，除外交一席亟須設立，由各省公推伍君廷芳為總長、溫君宗堯為次長，即行任事外，其餘各部，因代表議會將次成立，暫不實行。

　　各省代表既由滬議決，前赴武昌，即於十月初十日，在武昌會議，全體贊成於臨時政府未成立以前，推舉鄂軍都督為中央軍政府大都督。惟時漢陽於初七日失守，鄂省軍務，正在吃緊，而民軍旋於十二日攻取南京，情形不同，則臨時政府地點，不得不稍事變易。於是浙江湯都督、江蘇程都督、滬軍陳都督，復與駐滬各省代表籌商，將臨時政府改設南京，投票公舉黃君興為假定大

元帥、黎君元洪為副元帥，庶援鄂及北伐兩軍號令，有所統一，並電在鄂代表齊赴南京，舉行正式典禮。是日適得在鄂代表電稱：「十省代表，公決臨時政府，設於南京，定組織大綱二十一條，七日內各代表須會於南京，有十省以上代表到會，即行選舉大總統，復公決未舉總統以前，仍認鄂督為中央軍政府，並仍推伍、溫二君為外交總、副長。」由是南京為臨時政府地點，滬、鄂兩處會議，固已同歸一致矣。惟大元帥一職，則黃興君一再謙讓，改由黎都督暫任。

中華民國臨時組織列下：

### 第一章　臨時大總統

第一條　臨時大總統由各省都督府代表選舉之，以得票滿投票總數三分之二以上者為當選。

代表投票權每省以一票為限。

第二條　臨時大總統有統治全國之權。

第三條　臨時大總統有統率海陸軍之權。

第四條　臨時大總統得參議院之同意，有宣戰媾和及締

結條約之權。

第五條　臨時大總統得參議院之同意，有任用各部部長及派遣外交專使之權。

第六條　臨時大總統得參議院之同意，有設立臨時中央審判所之權。

## 第二章　參議院

第七條　參議院以各省都督府所派之參議員組織之。

第八條　參議員每省以三人為限，其派遣方法由各省都督府自定之。

第九條　參議院會議時每參議員有一表決權。

第十條　參議院之職權如左：

一、議決第四條及第六條事件。

二、承諾第五條事件。

三、議決臨時政府之預算。

四、檢查臨時政府之出納。

五、議決全國統一之稅法幣制及發行公債事件。

六、議決暫行法律。

七、議決臨時大總統交議事件。

八、答覆臨時大總統諮詢事件。

第十一條　參議院會議時以到會參議員過半數之所決為準，但關於第四條事件，非有到會參議員三分之二之同意，不得決議。

第十二條　參議院議決事件由議長具報，經臨時大總統蓋印發交行政各部執行之。

第十三條　臨時大總統對於參議院議決事件，如不以為然，得於具報後十日內聲明理由，交令覆議。

參議院對於覆議事件，如有到會參議員三分之二以上之同意仍執前議，應仍照前條辦理。

第十四條　參議院議長由參議員用記名投票法互選之，以得票滿投票總數之半者為當選。

第十五條　參議院辦事規則，由參議院議訂之。

第十六條　參議院未成立以前，暫由各省都督府代表會代行其職權，但表決權每省以一票為限。

## 第三章　行政各部

第十七條　行政各部如左：

　　　　　一、外交部

　　　　　二、內務部

　　　　　三、財政部

　　　　　四、軍務部

　　　　　五、交通部

第十八條　各部設部長一人，總理本部事務。

第十九條　各部所屬職員之編制及其權限，由部長規
　　　　　定，經臨時大總統批准施行。


## 第四章　附則

第二十條　臨時政府成立後六個月以內，由臨時大總
　　　　　統召集國民議會。其召集方法由參議院議
　　　　　決之。

第二十一條　臨時政府組織大綱施行期限，以中華民
　　　　　　國憲法成立之日為止。

各省代表既議定以為臨時政府地點，遂先後齊集南京。初擬二十六[1]選舉臨時大總統，嗣又詳細研究，以為先已選舉大元帥，可以暫時執行臨時大總統職務，故暫從緩。遂由各代表逐日開會，商議臨時政府條件。至十一月初十日，乃開正式選舉總統大會，到會者凡十七省，代表四十五人，共投十七票。孫文君得十六票，遂當選。孫君提倡革命，奔走海外，凡二十年。自武昌起義以後，民軍首領，曾發電敦促回國，江蘇程都督復以組織政府，非孫莫屬為言，當時各省均贊成此說。孫君於初七日抵滬，至是遂被舉為中華民國第一期大總統。

## ≈ 二　南京政府之成立 ≈

　　孫文君既當選為臨時大總統，南京各省代表團即發電敦促就任。孫總統遂於陽歷一月一號，即舊歷十一月十三日攜同顧問員由滬專赴寧。下午十時行就任禮，宣讀

1　編者按，原文如此。

誓詞。詞曰:「傾覆滿洲專制政府,鞏固中華民國,圖謀民生幸福,取民之公意,文實遵之,以忠於國,為眾服務。至專制政府既倒,國內無變亂,民國卓立於世界,為列邦所公認,斯時文當解臨時大總統之職,謹以此誓於國民。」誓畢,旋即發令,改用陽曆,以本日為中華民國元年元月元日,蓋先一日由各省代表團議決者,至是乃奉總統命令頒行。

十七省代表復議決臨時政府應添設臨時副總統,於初三日特開正式會投票選舉,黎元洪君得十七票,當選為臨時副總統。總統既就任,即着手組織內閣。初三日正式宣佈:(見表一)

表一

| 陸軍總長黃興 | 次長蔣作賓 |
|---|---|
| 海軍總長黃鍾瑛 | 次長湯薌銘 |
| 司法總長伍廷芳 | 次長呂志伊 |
| 財政總長陳錦濤【圖一】 | 次長王鴻猷 |
| 外交總長王寵惠 | 次長魏宸組 |
| 內務總長程德全 | 次長居正 |
| 教育總長蔡元培【圖二】 | 次長景耀月 |
| 實業總長張謇【圖三】 | 次長馬君武 |
| 交通總長湯壽潛 | 次長于右任 |

【圖一】陳錦濤

【圖二】蔡元培

【圖三】張謇

部中職員，分薦任、委任兩項，即由部長組織，先後報告成立。而議和全權代表，則仍委任伍廷芳、溫宗堯接任。

政府成立，應設參議院以為立法機關，照代表團所議《臨時政府組織大綱》，參議院應由各省都督府所派參議員組織，業經通電選派；惟以道路暌隔，未能剋日到寧，而會議事件，不容延擱，乃先由各省代表員暫行代理，除星期停議暨特別開議外，每日會議兩小時。其後各省所派參議員陸續抵寧，乃於正月二十八日正式成立開會，選舉林森為正會長、陳陶怡為副會長，然仍有數省未到，計已到者為廣東、湖北、湖南、浙江、江蘇、安徽、江西、山西、福建、廣西十省，共參議員三十人。未到而以代表員代理者為貴州、雲南、陝西、四川、奉天、直隸、河南七省，共代理員十二人。

當政府未成立之先，曾由湖南譚都督發起，以臨時中央政府所在地應設參謀本部，藉資統一，電請各省贊成，派員組織，各省均覆電照派。孫總統就任後，委任黃興為總參謀，鈕永建為副總參謀，設參謀部於總統府

內，以各省參謀員未能速到，遲至二月六日始正式成立。

孫總統以政府成立，所有一切法律命令，亟須編訂，而公佈法律命令亦宜設立機關，因提議創設法制院，並發行《臨時政府公報》，旋由參議院將法制院職制議決施行，而公報亦同時發佈。於是對內對外立法執行各機關，漸臻完備矣。

至政治上之設施：軍政則頒佈臨時軍律，限制各省招兵；內務則整頓全國警察，保護人民財產；財政則取締各省借款，發行全國公債，以及教育之頒行辦法、外交之保護外人，凡此卓犖諸大端，已漸收整齊劃一之效。而作戰方略，則議定以鄂湘為第一軍，由京漢鐵道前進；寧皖為第二軍，向河南前進；淮揚為第三軍，煙台為第四軍，向山東前進；秦皇島合關外之軍為第五軍，山陝為第六軍，向北京前進。聯各省之勁旅，聽指令於中央，整飭戎行，師行有日矣。適和議已將告成，遂不出發。

# ≋ 三　清帝退位及南北統一 ≋

　　南京政府雖已準備師干，聯同北伐，惟以尊崇人道，不願訴諸武力，塗炭生靈。故苟有可以調停之處，仍以和平解決為目的。適滿清內閣總理袁君世凱亦同此旨，自受任內閣後，即遣員至武昌，與黎都督議和。事雖無成，然實為南北統一之嚆矢。嗣後復以外人之介紹，約期停戰，委託唐紹儀為代表，由北南下，與民軍代表伍君廷芳叠次開議，已議定開臨時國會，公決政體，清帝且有旨公佈矣。旋因別有窒礙，致將唐紹儀之代表撤消，而國會亦不能即時召集，於是南北統一之機，為之一阻。

　　維時南京政府尚未成立也。迨成立後伍代表復與袁總理往返電商，惟以格於情勢，且有少數宗黨橫梗其間，故僅能就召集國會方法與地點日期，互相磋議。然是時北京庫藏已將告竭，南北分治，民軍既不樂從，兵刃相交，餉項又復不給，稍明大勢者，固已知除和平解決之外，別無他途矣。斯時也，民軍既秣馬厲兵，預備北伐，而北師重將，清廷所恃為捍衛者，亦知大勢所趨，非人

力所能挽救。於是第一軍統制段祺瑞首先贊成共和，聯同各軍，電達內閣，奏請宣佈共和政體。出使大臣陸徵祥等，及卸任總督岑春煊【圖四】、袁樹勳復先後以此旨奏陳。清廷既知臣民意旨之所在，各親貴亦自度力有不敵，乃不復如前之抗議，而統一之機，漸就成熟矣。

先是伍代表曾於南北統一後，優待清室及滿、蒙、回、藏人條件，正式通告內閣，因當時多所扞格，不及籌商。至是乃由清廷委任袁內閣直接磋議，即與伍代表往返電商，計分三項：甲、關於清帝辭位後優待條件；乙、關於清皇族待遇條件；丙、關於滿、蒙、回、藏各屬待遇條件。二月十二日，清內閣覆電，一一承認，清帝辭位之詔，亦同時宣佈，以北方治權，公諸全國，由是而統一之局，乃完全成立矣。

清帝於二月十二日所下詔書凡三道，見其一宣佈將統治權公諸全國者謂：

　　前因民軍起事，各省響應，九夏沸騰，生靈塗炭，特命袁世凱遣員與民軍代表討論大局，議開國會，

【圖四】岑春煊

公決政體。兩月以來，尚無確當辦法，南北暌隔，彼此相持，商輟於途，士露於野，徒以國體一日不決，故民生一日不安。今全國人民心理，多傾向共和，南中各省，既倡議於前；北方諸將，亦主張於後；人心所嚮，天命可知。予亦何忍因一姓之尊榮，拂兆民之好惡，是用外觀大勢，內審輿情，特率皇帝將統治權公諸全國，定為共和立憲國體，近慰海內厭亂望治之心，遠協古聖天下為公之義。袁世凱前經資政院選舉為總理大臣，當茲新舊代謝之際，宜有南北統一之方，即由袁世凱以全權組織臨時共和政府，與民軍協商統一辦法，總期人民安堵，海宇又安，仍合滿、漢、蒙、回、藏五族完全領土，為一大中華民國，予與皇帝得以退處少閒，優游歲月，長受國民之優禮，親見郅治之告成，豈不懿歟！

其二為宣佈〈優待皇室條件優待皇族條件待遇滿蒙回藏條件〉者謂：

前以大局阽危，兆民困苦，特飭內閣與民軍商酌優待皇室各條件，以期和平解決。茲據覆奏，民軍所開優禮條件，於宗廟陵寢永遠奉祀、先皇陵制如舊妥修各節，均已一律擔承，皇帝但卸政權，不廢尊號，並議定優待皇室八條、待遇皇族四條、待遇滿、蒙、回、藏七條。覽奏尚屬周致，特行宣示皇族暨滿、蒙、回、藏人等。此後務當化除畛域，共保治安，重視世界之昇平，胥享共和之幸福，予實有厚望焉！

　　（甲）關於大清皇帝辭位之後優待之條件

　　今因大清皇帝宣佈贊成共和國體，中華民國於大清皇帝辭退之後優待條件如左：

第一款　大清皇帝辭位之後，尊號仍存不廢，中華民國以待各外國君主之禮相待。

第二款　大清皇帝辭位之後，歲用四百萬兩，俟改鑄新幣後改為四百萬元。此款由民國撥用。

第三款　大清皇帝辭位之後，暫居宮禁，日後移居頤和園，侍衛人等，照常留用。

第四款　大清皇帝辭位之後，其宗廟陵寢，永遠奉祀，
　　　　由中華民國酌設衞兵妥慎保護。

第五款　德宗崇陵未完工程，如制妥修；其奉安典禮，
　　　　仍如舊制，所有實用經費，均由中華民國支出。

第六款　以前宮內所用各項執事人員，可照常留用，惟
　　　　以後不得再招閹人。

第七款　大清皇帝辭位之後，其原有之私產，由中華民
　　　　國特別保護。

第八款　原有之禁衞軍歸中華民國陸軍部編制，額數俸
　　　　餉，仍如其舊。


（乙）關於清皇族待遇之條件


一、　清王公世爵，概仍其舊。

二、　清皇族對於中華民國國家之公權及私權與國民同等。

三、　清皇族私產一體保護。

四、　清皇族免當兵之義務。

（丙）關於滿、蒙、回、藏各屬待遇之條件

今因滿、蒙、回、藏各民屬贊同共和，中華民國
所有待遇者如左：

一、　與漢人平等。

二、　保護其原有之私產。

三、　王公世爵，概仍其舊。

四、　王公中有生計過艱者，設法代籌生計。

五、　先籌八旗生計，於未籌定之前，八旗兵弁俸餉，仍
　　　舊支放。

六、　從前營業居住等限制，一律蠲除，各州縣聽其自由
　　　入籍。

七、　滿、蒙、回、藏原有之宗教，聽其自由信仰。


以上條件，列於正式公文，由兩方代表，照會各
國駐北京公使轉達各該政府。


其三為退位後維持京內外秩序及告誡各省疆吏者謂：

古之君天下者，重在保全民命，不忍以養人者害人，現將裁定國體，無非欲先弭大亂，期保乂安。若拂逆多數之民心，重啓無窮之戰禍，則大局決裂，殘殺相尋，勢必演成種族之慘痛，將九廟震驚，兆民荼毒，後禍何忍復言。兩害相形，惟取其輕者，正朝廷審時觀變，痌瘝吾民之苦衷。凡爾京外臣民，務當善體此意，為全局熟權利害，勿得挾虛驕之意氣，逞偏激之空言，致國與民兩受其禍。着民政部步軍統領姜桂題、馮國璋等嚴密防範，剴切開導，俾皆曉然於朝廷應天順人大公無私之意。至國家設官分職，以為民極，內列府部院，外建督撫司道，所以康保羣黎，非為一人一家而設。爾京外大小各官，均宜慨念時艱，慎供職守，應即責成各長官敦切勸誡，毋曠厥官，用副朝廷夙昔愛撫庶民之至意。

雖然此猶名義上之統一耳，南北統治之機關，猶待組織也。孫總統乃於清帝辭位之次日，至參議院提出辭職書，並推薦袁世凱君於參議院。內務部亦電告南北各

省，力圖進步，消除南北之見。同時袁君復以組織臨時政府名義，致電北方各省，勉令保全大局，維持秩序，以期南北兩方消化畛畦，逐漸聯合。十五日南京參議院以全院之同意，公舉袁世凱君為統一政府臨時大總統，並派專使蔡元培等北上歡迎，以着手統一政府之組織。


## ≈ 四　統一政府之成立 ≈


南北既已聯合，總統亦經選舉，而統一政府所以不能剋期成立者，則以政府在南，總統在北，將強政府以就總統乎？則政府為機關，總統為個人，無機關以就個人之理。將強總統以就政府乎？在理法上固為不易之條件。然當日者，北方秩序，正賴維持；東北人心，猶難一致；部署完密，尚費日時；總統南行，難期剋日。有此二故，遂致遷延。於是論者紛紛，或謂建都宜仍在北京，或謂臨時政府姑在北京設立，然此皆併建都及臨時政府地點為一談，與總統就任問題，初無關涉也。

南京政府之派蔡專使等北京也，實為歡迎袁總統蒞寧就職。專使抵京後，即謁袁總統，陳明此旨。袁總統已有南行意矣，正與各軍統制及民政首領商擬留守之人。至二月二十九日，駐京第三鎮輜炮兩營兵隊忽焉譁變，且蔓延及於津、保。於是北方大局，更不得不賴袁總統之坐鎮，而南行之舉，愈將延期。夫統一政府之亟須成立也既如彼，袁總統之不能即日蒞寧，也又如此，遂不得不別籌變通之法。由袁總統、蔡專使分別將北京情形及變通理由，電致南京政府，即經提交參議院，議決辦法六條，電復袁總統：（一）由參議院電知袁大總統，允其在北京受職；（二）袁大總統接電後，即電參議院宣誓；（三）參議院接到宣示之後，即覆電認為受職，並通告全國；（四）袁總統既受職後，即將擬派國務總理及各國務員姓名電知參議院，求其同意；（五）國務總理及各國務員任定後，即在南京接收臨時政府交代事宜；（六）孫總統於交代之日始行解職。袁總統得電後，遂電達誓詞，經參議院承認，於三月初十日在北京行正式受任禮。誓詞曰：「民國建設造端，百凡待治，世凱深願竭其能

力，發揚共和之精神，滌蕩專制之瑕穢，謹守憲法，依國民之願望，蘄達國家於安全強固之域，俾五大民族，同臻樂利，凡茲志願，率履勿渝。俟召集國會，選定第一期大總統，世凱即行解職。謹掬誠悃，誓告同胞。」

當清帝退位之後、孫總統辭職之初，黎副總統以臨時政府應從新組織，向參議院電辭副總統之職。參議院旋於二月二十日開會選舉，全院一致，公舉黎元洪續任副總統。

袁總統在北京受職後，即先從事於國務員之組織，添設國務總理，得參議院同意，以唐紹儀充任，並分實業為農林、工商二部，而內務復分設次、長兩員，以一員管理蒙盟[2]、回、藏；北省總督巡撫，皆改稱都督，以期南北一致，並派唐紹儀至南京，會商參議院，簡任國務員。至三月三十日國務總長發表：外交總長為陸徵祥、內務總長為趙秉鈞、理財總長為熊希齡、陸軍總長為段祺瑞、海軍總長為劉冠雄、教育總長為蔡元培、司法總

---

2　編者按，原文如此。

長為王寵惠、農林總長為宋教仁、工商總長為陳其美，惟交通總長以一時未得其人，暫由唐紹儀兼理，旋即以施肇基任之。其各部次長，嗣亦先後委任，並以南京軍隊眾多，任黃興為南京留守，總轄南洋各軍，以資鎮攝。

　　國務員既經任定，孫總統即於四月初一日頒解職令，並至參議院行正式解任禮，黎副總統亦於初六日解大元帥之職，併歸袁總統兼任。參議院復於四月二日議決臨時政府遷往北京，旋又議決參議院移至北京開議。其中《中華民國臨時約法》則先於三月十一日由孫總統公佈，參議院議員人數，亦擬照約法規定，重新組織。由是立法行政各機關，較南京政府更形完備。唐總理及被任全國務員之在南省者，亦相偕北上，從事設施，謀共和之幸福，躋中國於富強，豈不休歟！

附錄

# ≈ 《中華民國臨時約法》 ≈
## 元年三月十一日公佈

**第一章　總綱**

第一條　中華民國由中華人民組織之。

第二條　中華民國之主權屬於國民全體。

第三條　中華民國領土，為二十二行省，內外蒙古、西藏、青海。

第四條　中華民國以參議院、臨時大總統、國務員、法院行使其統治權。

**第二章　人民**

第五條　中華民國人民一律平等，無種族、階級、宗教

之區別。

第六條　人民得享有左列各項之自由權：

　　一　人民之身體，非依法律不得逮捕、拘禁、
　　　　審問、處罰。

　　二　人民之家宅，非依法律不得侵入或搜索。

　　三　人民有保有財產及營業之自由。

　　四　人民有言論、著作、刊行及集會結社之
　　　　自由。

　　五　人民有書信秘密之自由。

　　六　人民有居住遷徙之自由。

　　七　人民有信教之自由。

第七條　人民有請願於議會之權。

第八條　人民有陳訴於行政官署之權。

第九條　人民有訴訟於法院，受其審判之權。

第十條　人民對於官吏違法損害權利之行為有陳訴於
　　　　平政院之權。

第十一條　人民有應任官考試之權。

第十二條　人民有選舉及被選舉之權。

第十三條　人民依法律有納稅之義務。

第十四條　人民依法律有服兵役之義務。

第十五條　本章所載人民之權利，有認為增進公益、維持治安，或非常緊急必要時，得依法律限制之。


## 第三章　參議院

第十六條　中華民國之立法權，以參議院行之。

第十七條　參議院以第十八條所定各地方所選派之參議院組織之。

第十八條　參議員每行省，內蒙古、外蒙古、西藏各選派五人，青海選派一人；其選派方法，由各地方自定之。參議院會議時，每參議員有一表決權。

第十九條　參議院之職權如左：

一　議決一切法律案。

二　議決臨時政府之預算決算。

三　議決全國之稅法、幣制及度量衡之準則。

四　議決公債之募集及國庫有負擔之契約。

五　承諾第三十四條、三十五條、四十條
　　事件。

六　答覆臨時政府諮詢事件。

七　受理人民之請願。

八　得以關於法律及其他事件之意見建議
　　於政府。

九　得提出質問書於國務員並要求其出席
　　答復。

十　得咨請臨時政府查辦官吏納賄違法
　　事件。

十一　參議院對於臨時大總統認為有謀
　　　叛行為時，得以總員五分四以上之
　　　出席，出席員四分三以上之可決彈
　　　劾之。

十二　參議院對於國務員認為失職或違法
　　　時，得以總員四分三以上之出席，出
　　　席員三分二以上之可決彈劾之。

第二十條　　　參議院得自行集會、開會、閉會。

第二十一條　　參議院之會議須公開之；但有國務員之要求，或出席參議員過半數之可決者，得秘密之。

第二十二條　　參議院議決事件，咨由臨時大總統公佈施行。

第二十三條　　臨時大總統對於參議院議決事件有否認時，得於咨達後十日內聲明理由，咨院覆議；但參議院對於覆議事件，如有到會參議員三分二以上仍執前議時，仍照第二十二條辦理。

第二十四條　　參議院議長由參議員用記名投票法互選之，以得票滿投票總數之半者為當選。

第二十五條　　參議院參議員於院內之言論及表決，對於院外不負責任。

第二十六條　　參議院議員除現行犯及關於內亂外患之犯罪外，會期中非得本院許可不得逮捕。

第二十七條　　參議院法由參議院自定之。

第二十八條　參議院以國會成立之日解散，其職權由國
　　　　　　會行之。

## 第四章　臨時大總統副總統

第二十九條　臨時大總統、副總統由參議院選舉之，以
　　　　　　總員四分三以上之出席，得票滿投票數三
　　　　　　分二以上者為當選。

第三十條　　臨時大總統代表臨時政府總攬政務，公佈
　　　　　　法律。

第三十一條　臨時大總統為執行法律或基於法律之委
　　　　　　任得發佈命令，並得使發佈之。

第三十二條　臨時大總統統帥全國海、陸軍隊。

第三十三條　臨時大總統得制定官制、官規，但須提交
　　　　　　參議院議決。

第三十四條　臨時大總統任免文武職員，但任命國務員
　　　　　　及外交大使、公使，須得參議院之同意。

第三十五條　臨時大總統經參議院之同意得宣戰媾和
　　　　　　及締結條約。

第三十六條　臨時大總統得依法律宣告戒嚴。

第三十七條　臨時大總統代表全國接受外國之大使、公使。

第三十八條　臨時大總統得提出法律案於參議院。

第三十九條　臨時大總統得頒給勳章並其他榮典。

第四十條　　臨時大總統得宣告大赦、減刑、復權，但大赦須經參議院之同意。

第四十一條　臨時大總統受參議院彈劾後，由最高法院全院審判官互選九人，組織特別法庭審判之。

第四十二條　臨時副總統於臨時大總統因故去職或不能視事時得代行其職權。


## 第五章　國務員

第四十三條　國務總理及各總長均稱為國務員。

第四十四條　國務員輔佐臨時大總統負其責任。

第四十五條　國務員於臨時大總統提出法律案，公佈法律及發佈命令時，須副署之。

第四十六條　國務員及其委員得於參議院出席及發言。

第四十七條　國務員受參議院彈劾後，大總統應免其職，但得交參議院覆議一次。

## 第六章　法院

第四十八條　法院以臨時大總統及司法總長分別任命之法官組織之。

法院之編制及法官之資格，以法律定之。

第四十九條　法院依法律審判民事訴訟及刑事訴訟。

但關於行政訴訟及其他特別訴訟，別以法律定之。

第五十條　　法院之審判須公開之，但有認為妨害安寧秩序者得秘密之。

第五十一條　法官獨立審判，不受上級官廳之干涉。

第五十二條　法官在任中不得減俸或轉職，非依法律受刑罰宣告或應免職之懲戒處分，不得解職。懲戒條規，以法律定之。

## 第七章　附則

第五十三條　本約法施行後，限十個月內由臨時大總統
　　　　　　召集國會，其國會之組織及選舉法，由參
　　　　　　議院定之。

第五十四條　中華民國之憲法由國會制定，憲法未施行
　　　　　　以前，本約法之效力與憲法等。

第五十五條　本約法由參議院議員三分二以上或臨時
　　　　　　大總統之提議，經議員五分四以上之出
　　　　　　席，出席員四分三之可決，得增修之。

第五十六條　本約法自公佈之日施行，《臨時政府組織
　　　　　　大綱》於本約法施行之日廢止。

# ≋ 《中華民國國會組織法》 ≋
## 元年八月初十日公佈

第一條　民國議會，以左列兩院搆成之。

　　　　參議院

　　　　眾議院

第二條　參議院以左列各議員組織之：

　　　　一　由各省省議會選出者　每省十名。

　　　　二　由蒙古選舉會選出者　二十七名。

　　　　三　由西藏選舉會選出者　十名。

　　　　四　由青海選舉會選出者　三名。

　　　　五　由中央學會選出者　　八名。

　　　　六　由華僑選舉會選出者　六名。

第三條　眾議院以各地方人民所選舉之議員組織之。

第四條　各省選出眾議院議員之名額，依人口之多寡定
　　　　之。每人口滿八十萬選出議員一名，但人口不
　　　　滿八百萬之省，亦得選出議員十名。

　　　　人口總調查未畢以前，各省選出之名額如左
　　　　（詳見下表）：

| 直隸 | 四十六名 | 奉天 | 十六名 |
|------|----------|------|--------|
| 吉林 | 十名 | 黑龍江 | 十名 |
| 江蘇 | 四十名 | 安徽 | 二十七名 |
| 江西 | 三十五名 | 浙江 | 三十八名 |
| 福建 | 二十四名 | 湖北 | 二十六名 |
| 湖南 | 二十七名 | 山東 | 三十三名 |
| 河南 | 三十二名 | 山西 | 二十八名 |
| 陝西 | 二十一名 | 甘肅 | 十四名 |
| 新疆 | 十名 | 四川 | 三十五名 |
| 廣東 | 三十名 | 廣西 | 十九名 |
| 雲南 | 二十二名 | 貴州 | 十三名 |

第五條　蒙古、西藏、青海選出眾議院議之名額如左
　　　　（詳見下表）：

| 蒙古 | 二十七名 |
|------|----------|
| 西藏 | 十名 |
| 青海 | 三名 |

第六條　參議院議員任期六年，每二年改選三分之一。

第七條　眾議院議員任期三年。

第八條　兩院議長、副議長各由本院議員互選之。

第九條　無論何人，不得同時為兩院議員。

第十條　民國議會之開會及閉會，兩院同時行之。

第十一條　民國議會之會期為四個月，但依事情之必要得延長之。

第十二條　民國議會之議事，兩院各別行之。

同一議案不得同時提出於兩院。

第十三條　民國議會之議定，以兩院之一致成之。

一院否決之議案，不得於同會期內再行提出。

第十四條　民國憲法未定以前，臨時約法所定參議院之職權，為民國議會之職權，但左列事項，兩院各得專行之：

一　建議。

二　質問。

三　查辦官吏納賄違法之請求。

四　政府諮詢之答覆。

五　人民請願之受理。

六　議員逮捕之許可。

七　院內法規之制定。

　　預算決算須先經眾議院之議決。

第十五條　兩院非各有總議員過半數之出席，不得
　　　　　開議。

第十六條　兩院之議事以出席議員過半數之同意決之；
　　　　　可否同數，取決於議長。

第十七條　《臨時約法》第十九條第十一款、第十二款
　　　　　及第二十三條，關於出席及議決員數之規
　　　　　定，於兩院各準用之。

　　　　　《臨時約法》第二十一條之規定亦同。

第十八條　《臨時約法》第二十五條、第二十六條，關
　　　　　於參議員之規定，於兩院議員各準用之。

第十九條　兩院議員之歲費及其他公費，別以法律
　　　　　定之。

第二十條　民國憲法案之起草，由兩院各於議員內選

　　　　　　出同數之委員行之。

第二十一條　民國憲法之議定，由兩院會合行之。

　　　　　　前項會合時，以參議院議長為議長、眾

　　　　　　議院議長為副議長，非兩院各有總議員

　　　　　　三分二以上之出席，不得開議；非出席

　　　　　　議員四分三以上之同意，不得議決。

第二十二條　本法自公佈日施行。

# ≈ 《大總統選舉法》 ≈
## 二年十月五日公佈

第一條　中華民國人民完全享有公權，年滿四十歲以上，並住居國內滿十年以上者，得被選舉為大總統。

第二條　大總統由國會議員組織總統選舉會選舉之。
前項選舉以選舉人總數三分二以上之列席，用無記名投票行之，得票滿投票人數四分三者為當選；但兩次投票無人當選時，就第二次得票較多者二名決選之，以得票過投票人數之半者為當選。

第三條　大總統任期五年。如再補選，得連任一次。

大總統任滿前三個月，國會議員須自行集會組織總統選舉會，行次任大總統之選舉。

第四條　大總統就職時，須為左列之宣誓：

「余誓以至誠遵守憲法，執行大總統之職務。謹誓。」

第五條　大總統缺位時，由副總統繼任，至本任大總統任滿之日止。

大總統因故不能執行職務時，以副總統代理之。

副總統同時缺位時，由國務院攝行其職務；同時國會議員於三個月內自行集會組織總統選舉會，行次任大總統之選舉。

第六條　大總統應於任滿之日解職；如屆期次任大總統尚未選出，或選出後尚未就職，次任副總統亦不能代理時，由國務院攝行其職務。

第七條　副總統之選舉，依選舉大總統之規定，與大總統之選舉同時行之；但副總統缺位時，應補選之。

## 附則

大總統之職權在憲法未定以前，暫依《臨時約法》關於臨時大總統之規定。

附錄文章

## ≋ 革命戰爭 ≋

　　戰爭為人間社會一種之事實，人間社會之歷史，其大部分皆供戰爭之紀錄。倡導和平者，以此為屬於過去社會之事實；社會之將來，戰爭必漸歸於歇滅。然世紀屢更，文化日近，而此理想尚遲遲而不能實現，則所謂和平云者，果僅為社會樂觀主義者所懷抱之一種空想乎？我國儒家對於戰爭，多非認之。曰：「春秋無義戰。」曰：「善戰者服上刑。」是皆我民族和平主義之代表，實為世界萬國之所公認。歐洲前哲，亦多類似之言論。孟德依尼氏曰：戰爭者，人與人相殺之作業也，人類自相滅之作業也，是實禽獸之不若焉。福諾倫氏曰：賜同類浴於鐵火，傷於鋒鏑，困於飢餓，以遂其虛榮心，是為人類以下之怪物。其他大哲學家大文豪之主張戰爭非認說

者，不勝屈指。然近世思想家主張戰爭是認說者亦不少，謂戰爭為神聖之事實，理想之示現；和平者，廢弛國民之性狀，戰爭所以更張之。德之雷斯羅爾（Röszler）曰：支配世人者唯一，強力是也。其實行之之方法唯一，戰爭是也。戰爭之勝負，即決定民族進路之宣告也。美之裴克爾（Becker）曰：人世果能廢腕力之爭鬥，而僅為精神之爭鬥歟？吾謂僅以精神，不能行爭鬥，精神唯能導其體力，組織軍隊，以相見於戰場而已。德之史家忒利乞克（Treitschke）曰：以戰爭犧牲自己之生命，為人類相愛之本能，拋去愛生惡死之自然的感情，而以自身埋沒於意志之裏，諸君或目之為野蠻。吾試問諸君，若以血液購得之勝利為無益，則人間偉大而健全之政治，果不能以吾人之實力得之乎？凡此諸說，皆以戰爭為人間社會之所不能避，亦人間社會發達之所不可缺。蓋國民無戰鬥之精神，亦不能保持其和平之主義。此則記者之所深信者也。

人類何為而有戰爭乎？就其原因可分數類。曰人種戰爭。因人類間體格性情言語習慣之差異而生人種的感

情，即對於同人種有私愛自尊之念，對於異人種有排斥憎惡之心，於是為人種對於人種之戰爭。為人類社會原始時期所屢見，即由動物社會繼續發現者也。社會發達以後，猶不能免。曰宗教戰爭，因人類間信仰崇拜之殊異而起，於人種亦常有關係，亦為原始社會所屢見。當社會文明彷徨於此程度時，此戰爭最為激烈，十字軍即其最著者也。曰經濟戰爭，以爭生活所資用之財產權利為目的，其第一期為劫奪財產，第二期為俘虜奴隸，第三期為佔據土地，第四期為侵略版圖，第五期為伸張權利。此戰爭自原始社會以至現在之社會繼續行之，惟依其時期而進步。今日所行者，第四期與第五期之戰爭為多。曰政治戰爭，較前舉之人種戰爭、宗教戰爭，稍具開明之體貌。雖世運發達時，此戰爭猶常不絕，而其種類亦較為繁複。大別之為內戰、外戰之二種。其純乎為內戰者，即革命戰爭是也。其純乎為外戰者，有征服戰爭，如英國征服特蘭斯哇是也；有制馭第三國之戰爭，如日本因欲制馭朝鮮而開中日戰爭及日俄戰爭是也。其內戰而近於外戰者，有獨立戰爭，即國家之一部分，欲

獨立而成一新國家，如美利堅之離英國而獨立是也。有霸權戰爭，於聯合之眾國家中，其一國特握統一中心之權力，他一國復起與之爭，如春秋時五霸之戰爭是也。茲將戰爭之種類，列表如下。

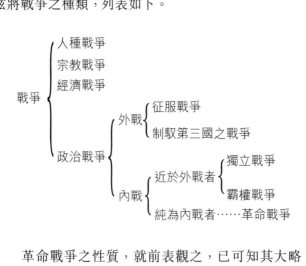

革命戰爭之性質，就前表觀之，已可知其大略，即純乎為政治上之一種國內戰爭也。然細為研求，則尚有種種區別。「革命」二字，本於經典，《易》曰「湯武革命」，《書》曰「天革厥命」，其本意以天子為天所命，天子不道，天即革其命而改命他人，蓋專指帝王之易姓改物而言。（後世讖緯之說，以革命為君臣克賊之義，又稱

辛酉為革命年，《詩》疏則云亥為革命。本年革命之舉，適為辛亥，而洪楊之難亦於辛亥，與《詩》疏及讖緯家言巧相符合，然陰陽術數之事為吾輩所不解，非研究天文心理學者不能說明之。）近世以「革命」（Revolution）之譯名，其意義較廣，大要以違反國家大法之手段，改革國家之基礎，在現在之為政者視之，為叛逆或敵抗之行為。而其原因，則由國民之全部或一部對於現政懷激烈之反感，僅以普通之手段，不能遂其改革，乃因此而起戰爭，即革命戰爭也。革命戰爭常分為二種：一為爭奪統治權之戰爭，二為轉移統治權之戰爭。爭奪統治權之戰爭中，又分為爭奪王位之戰爭與爭奪政權之戰爭。我國列代興替時之戰爭，多為爭奪王位之戰爭。英之薔薇戰爭，亦屬此類。而本年墨西哥之戰爭，則爭奪政權之戰爭也。轉移統治權之戰爭云者，一國之統治權，自君主之手移於國民之手，此時君民之間，常起戰爭。其與爭奪統治權之分別，則爭奪統治權之戰爭，常起於統治者之君主或大統領與候補者之間；而移轉統治權之戰爭，則起於統治者之君主與被統治者之人民之間，晚近之所謂革命

戰爭，屬於此者為多。由此觀之，則雖同一革命戰爭之名義，而其間尚有幾許之差別。茲更列表以明之。

$$
\text{革命戰爭}\begin{cases}\text{爭奪統治權之戰爭}\begin{cases}\text{爭奪王位之戰爭}\\\text{爭奪政權之戰爭}\end{cases}\\\text{轉移統治權之戰爭}\end{cases}
$$

我國四千年以來之歷史，戰爭不絕，有屬於人種戰爭者（如涿鹿之戰），有屬於宗教戰爭者（如近年之教案），有屬於經濟戰爭者（如北方種族之侵入中原，以劫掠財物侵略版圖為主。又如近數百年與歐洲各國之戰爭，多以要求經濟上之權利為主），而其中固以政治戰爭為最多。政治戰爭，除外戰外，尤以革命戰爭為常見。雖全盛之世，亦無數十年不起革命戰爭者。世人或稱吾民族為革命之民族，非無故也。惟前代之革命戰爭，無非因爭奪王位權而起。蓋專制相承之國，其國民間初未有立憲共和之觀念。故革命之起，無不以王位為目的物。故「革命」之名詞，亦僅為易姓改物時之所專用。自歐美之政治思想輸入以來，久苦於專制之國民，乃勃起而歡迎

之。革命之聲，漸流佈於薄海內外，而革命之意義，亦大變其本來，幾若專為推翻專制政府改建立憲共和政體之標誌。故自今以後，我中國革命戰爭之興起，不可不以轉移統治權為目的。若復有覬覦王位專竊政權之舉，則固為我國民族之所決不能容者也。

此次我國革命軍之起，其宣示於我國民者：一為政治革命，非種族革命，是無人種戰爭之意味；一為主張人道，保護人民生命財產，是無劫奪捕虜之行為；一為建設民國，創立共和政體，是無爭奪統治權之性質。故此次戰爭，純乎為轉移統治權之政治戰爭，一改歷代革命戰爭之面目，實為我革命民族中一種之異彩，不特大多數國民傾向於此主義，即清政府中，亦已承認此主義而不惜讓步於國民。雖實行憲政與創立共和，主張各異，而轉移統治權之主義，實已確立而不可移。我國民今日所當兢兢注意者，即有維持此主義，不使稍有所動搖，以免他主義之闌入。蓋戰爭一起，兵連禍結，其結果往往不可預料，非賴國民之精神毅力以貫徹之，則轉移統治權之戰爭，或一變而為爭奪統治權之戰爭，若規覬王

位（如法國大革命後之拿破崙）競爭總統之類。又或由革命戰爭轉化而為獨立戰爭，由獨立戰爭激蕩而為霸權戰爭，馴至以內戰而引起外戰。是皆不可不思患而預防者。至以滿族之歧異而釀成人種戰爭，因生活之困難而迫為經濟戰爭，主義一淆，即為我革命民族之污點。記者爰敢揭革命戰爭之種類與此次革命戰爭之主義，與國人共研究之。

原載 1911 年 11 月《東方雜誌》第 8 卷第 9 號

# ≋ 中華民國之前途 ≋

　　吾聞歷史家論革命之性質也，曰國家政治上之革命，猶之於吾人身體上施外科之大手術也。蓋吾人既罹重大之疾病，漸成慢性之痼疾，終非姑息之療治所得愈，則不得不行根本上解除之大手術。然當施此手術時，苟執刀者無名醫，其助手無能人，其周圍之事情又多缺陷，則其手術拙劣遲鈍，且不清潔，既與患者以苦痛，且因血液之消耗而陷於非常衰弱，或留遺餘毒，旋復蔓延，或引入病菌，另發他症，即幸而不至於死亡，而以後之恢復，非經長久之時日不可。反之而醫士精能，器械完備，手術敏活，則苦痛少而創痍易復。若患者之氣體素來強健，則元氣恢復之後，其發榮滋長，必勝於曩日。即患者體素衰弱，而沉痾既去，亦足以促發其固有之生

活機能，以臻於強健。吾中華民國，當此新施手術之後，其經過幸而良好，而此一時期內之調護維持，實與此後一生涯間之康健與否，有密切之關係，是固我國民之所當兢兢注意者也。

英吉利之革命先後亘八年，其結果則議會擁立法之空權，不能制馭軍隊。兩者之間，凌轢日甚。賴克林威爾監國，行高壓之政策而奏功。於其時敗荷蘭之海軍，平北亞非利加沿岸之海賊，屢勝西班牙軍，監國五年，威武彰於海外。法蘭西革命之後，國內諸黨，仇殺無已，幾如狂癡，至成恐怖時代。外與列國啟釁，拿破崙乃興師四伐，戰雲迷漫於全歐，擾攘二十五年，而終於失敗。是二國者，皆襲霸國之餘威，革命之後，民心一動，不可復靜，乃移以對外，以求境內之粗安。若夫我國今日，內審國勢，外度時局，固非當日英、法之比。今日革命之目的，在救亡不在啟釁。英、法之前事，不足以例我國。就晚近之時事觀之，若波斯，若土耳其，其革命之原因，皆以國民伏屈於專制或偽立憲政體之下，國勢孱弱，非改革政體，不足輓救危局，其形勢殆與我同。土

耳其革命軍於一九〇八年七月舉義旗，至十二月而新政府成立。然青年土耳其黨所標榜之收回權利發揚國威之主義，卻使保加利亞獨立、波斯尼亞及黑爾哥維那兩州為奧匈所併，致人心漸離，未一年而起反動的革命，君權復熾。雖青年黨擁護憲政，復舉義旗，行第二次革命，卒底成功，毅然致力於改革內政。然內則民族不能統一，致巴爾幹半島風雲未靖。外則強鄰四迫。近以的里波利之故，與意國開戰，相持半年，雖迭有勝負，度其終局，不能不為意人所屈。波斯之第一次革命，發端於一九〇八年之秋，至一九〇九年因俄國之干涉，其事益急，乃舉第二次革命，至七月而波皇出奔，新政府立，十一月召集議會而革命成。然其後國內之紛擾不息，去年廢皇復圖再舉，雖幸而鎮定，然與俄國之衝突日亟，近日俄、波交涉，波斯政府卒至絕對屈從，外交既不振，內政亦未修，危象日呈。革命之結果，殊無足道。至前年葡萄牙之革命，成功最速，於十月四日午前一時發難，至午後二時而葡王出走，是日白拉茄被推為假大統領，一年以內，痛革舊政，頗收美果。去年六月，發佈憲法，八月

舉挨禮挨葛為大統領。現以共和黨內凌轢不息，分裂為數小黨，互相仇視，政府地位，日處困難，前相辭職，勤王派之將領擾於北部，與勞動黨之抱君主主義者相聯絡，共和政體之前途，不免小有挫折。至去年墨西哥、海地之革命，雖均告成功，然皆以爭奪政權為目的，所謂似是而非之革命，不可與以上諸國之革命同日語。且革命尚未完全成功，而第二革命軍已起，近日墨西哥之革黨勢且日熾，統領梅特洛或將為狄愛士之續，未可知也。我國革命之成功，雖不及葡萄牙之神速，然決非其他諸國所能比擬。自是以後，四千年來醞釀之文明、三百年來潛伏之民氣，皆得乘時發抒，為東亞細亞方面開伊古未有之創局。外人之論者，或謂我國今後，恐變為寡頭政治（即少數政治），陷於墨西哥之悲運（《新日本》二卷三號譯珂克華氏論），雖不無可以推測之理由，然前途茫茫，可成可敗，要在吾國民之抉擇進行而已。

中華民國成立以後，其第一發生之大問題，懸於吾等之目前者，即地方制是也。革命軍之起也，各省同時響應，標獨立之幟，各設軍政府，推舉都督。迨形勢既

成，乃設統一之臨時政府於其上。南京之臨時政府，殆有聯邦政府之觀。其時言論界頗有主張聯邦說者，但就從來之關係觀之，則我國各行省，究與聯邦之關係不同，故聯邦非聯邦問題，已足大資攻究。即使聯邦說不再燃，而各行省自治權之廣狹，於前途之關係甚重；集權分權之得失利害，討論之餘地甚多。美國獨立之後，第一期議會，福兒蘭陵（Federalism）與安的福兒蘭陵（Anti-federalism）之二政黨興，即聯邦黨與非聯邦黨是也。二黨之政爭，至第二獨立戰役之後始漸熄。而兌摩克拉忒（Democrat）黨與黎潑勃利堪黨（Republican）繼起，前者主分權，後者主集權。二黨相繼秉政，卒因集權說行於北方，分權說行於南方，政見不相容，於北黨之林肯被選為大統領後，南美分離，致啟南北戰爭之慘禍。墨西哥由帝政改共和以後，中央集權派與聯邦派對立，互相軋轢，因集權派之海特蘭式被選為大統領，反對派起兵逐之。自是以後，大統領幾無有能安於其位者。塔克撒斯州，卒因不服大統領而獨立，致啟美、墨之戰爭。殷鑒不遠，我國民不可不預為謀矣。夫集權制與分權制，

其利害得失，固非一時所能盡述。綜其大要，則集權制利於統一而易流於專制，且統一之政令，不易適切於各地方之習俗人心，每致中央與地方之意思不能融洽，起反抗或分裂之變。分權制利用人民之兩重愛國心，內治易於進步，而政令不統一，中央之政績不舉，各地方之爭議易興，對內對外均成孱弱之勢。我國歷史上於中央與地方之關係，久為未解決之問題。周行封建，以分權而天子守府；秦改郡縣，以集權而亂者四起；唐設府兵，以分權而藩鎮不可制；清之季世，行省分權，不能舉改革之實，遂主張集權，即以是受人民之反抗，為此次革命之重大原因。大抵內外苟有所偏重，其禍均足以亡國，今後之謀國者，不可不折衷於二者之間，以求調劑之方法。據記者私見，以為調劑之道，首在定國家官吏與地方官吏之區別。每一省或數省，設一代表中央政府之官廳。其官吏由中央政府任用，承中央之命令，處理國家行政，並監督地方行政。至各省地方行政，當另設一官廳以處理之（或就本省地理形勢及居民之志願分為二行政區，設二官廳），其長官由人民公舉，其司屬由長官經

地方議會之同意委任。此兩種官廳，性質不同，權限各別。惟前者對於後者有監督之責，後者對於前者有辦理其委託事務之責而已。至國家行政與地方行政，當詳定其界限而活用之。例如關於國防之軍事，若在各省編練或駐紮之海陸軍事務，及軍港要塞等建設及防禦事務，皆為國家行政；而本省防兵，為本省捕治匪盜之用者，則屬於地方行政。蓋國家軍隊，若分駐地方，常任捕治盜匪之事，久必失其國家的性質。而一地方之小警，動用國家軍隊，亦不便利也。且各地方捕治盜匪，其軍隊不可不受地方官吏之節制，不可不與地方人民接治。故用地方性質的軍隊為宜。然遇省防兵不敷調遣或不能鎮壓時，則由地方官廳請諸政府發國家軍隊。而國家有事，亦得徵發省兵，任國防之役。此則其活用之法也。又如教育，高等專門以上，屬於國家行政，普通教育屬於地方行政。蓋高等專門以上之學校，宜統籌全局，一國內之大學，不過數處，不必各省並設；而農田畜牧，宜設於曠土較多之省，商工實業當設於商務最盛之地，航業漁業，便於沿海，森林礦業宜在山鄉，皆當因地制宜，不能

拘於地域。若普通教育，中央只定其大綱，斟酌損益，聽諸地方可也。至財政寬裕之地方，自設專門學校，財力較絀之省，普通教育事業亦由國家補助或籌設，不能拘於一定。他若幹路歸各省人民自辦，而仍由中央管轄。高等裁判，各省必設一所，而仍為國家法院。行政之區劃既明，而後國家法令與地方法令、國家財政與地方財政，亦得因是以區分焉。中央與地方之界限愈明晰，則中央與地方之感情愈融洽，不因中央政策之變換而使地方行政受其影響，亦不因地方政見之不同使中央行政受其窒礙，則共和之基礎也。

中華民國之第二大問題，為吾輩所亟當研究者，則外債是矣。近一、二年中，有主張大借外債，以整理幣制、興辦實業及築全國之幹路者，輿論抗之。清政府之顛覆，未始不由於此。然至今日而一部分之言論，仍有主張此說者。彼等鑒於國計之困難、民生之凋敝，以謂非輸入外資，則全國上下幾無活動之餘地。蓋資本既竭，生產日薄，長此以往，惟有坐以待斃而已。夫資本、勞力、土地為生產之三要素。我國贏於勞工，絀於資本，

與英、美諸國適成正反。以贏補絀，乃自然流通之趨勢。我國之防止外債，與英、美之禁止華工，皆為反乎自然，自減殺其生產力者。雖外債輸入以後，未必全無危險，然我國今後之形勢，惟有積極進行，尚有挽救之希望。若徒持防止外債之論，限於消極的地位，則外力之侵入，亦豈能終免乎？是等言論，非無確當之理由，然外債亡國，固近世之事實也。埃及之前車已覆，摩洛哥之來軫方遒，我國民其肯以理論蹈實禍乎？或謂外債非絕對的不可借，惟所借之債，投之於生利事業則可，投之於不生利事業則不可，誠為不刊之論。但事業之生利與否，非可預定。即明明為生利之事業，苟無舉辦此事業之才幹與學識，及其經驗與道德，亦未有不終於失敗者。譬之一家，中落以後，田園荒穢，其子弟又多庸懦失學，徒羨鄰人之服用華美，乃稱貸於鄰，以易其奢侈之品物，此必敗之道，無待言矣。即其子弟，欲奮發有為，以所貸之貲，除治其田園，然四體不勤，五穀不分，消耗之巨，亦將與稱以求奢侈品者相等。我國內生利事業雖未可限量，而舉辦此事業之才幹、學識與經驗、道德，尚

未充分預備，貿貿然為之，不能操刀而使之割，其危險何堪設想乎？況今日列國之競爭借款，其意在擴張商權，干涉內政，為文明的侵略、和平的進擊，亦已無待贅言。我國民不能利用外資，徒為外資所利用，於國計何裨焉？雖目下之經濟狀態已極窘迫，外資輸入可賴以稍紓，然其利害亦復相伴。蓋其時銀價必落，物價必貴，無生產力之人民，其生活益陷於困難，有生產力之人民，其日用漸流於奢侈。而銀賤物貴之結果，必致外貨之輸入益多，國貨之輸出益少，於民生亦無濟也。故居今日而主張外債，恐為自速其滅亡之政策。吾國民惟有力崇節儉以貯資本，整理財政以厚信用，於經濟上先謀獨立之基礎，然後預備研究利用外資之方法，庶不致與埃、摩二國攜手而同入圇圖耳。

第三問題，則租稅是也。我國自古迄今，皆以薄稅斂為仁政，加賦之禁，幾為不成文之大憲章。外人或以我國民之嫌忌納稅義務，為由於愛國心薄弱之故。然專制政體之下，我國民之所以限制君主者，惟有此消極之方法。當閉關自守時代，既無所謂對外關係，故專持此

消極之限制以與暴君污吏抗衡，與歐人所謂不出代議士不納租稅之說，同為國民自主之精神所表見。然共和政體成立以後，我國民對於國家之財政，宜為積極之監督，而無取乎消極之限制。處列強競爭之世界，而欲達國家存立之目的，則國民之擔負，不能不加於曩日，可斷言也。我國歲入，據宣統三年預算，為三萬萬兩，除捐輸公債非純粹之收入約一千萬兩外，計歲入僅二萬九千萬兩。是年預算，國家稅與地方稅尚未分別。此為中央與地方併計之數，其中厘金一項，為病商之惡稅，民國軍政府業已廢除之，是項收入為四千四百萬兩，則今後之歲入，合中央、地方併計，僅二萬四千餘萬兩而已。日本領土，較我國甚為狹小，而國稅與地方稅乃達十萬萬圓，我國歲入僅及其十分之三。以我領土之廣漠，行政費之繁重，已當數倍於日本。況外債既巨，籌還本息，不能無款，內政未舉，整理開發，不能無費，勢不得不求確實之稅源，以期歲計之平衡。時勢所趨，增加租稅之事，殆不能免。然居今日而欲為增加租稅之議，其勢實處於萬難。軍興以來，民間之損耗甚巨。北京、天津、

漢口等繁盛之地，均遭兵燹。金融緊迫，物力維艱。失業之民，不堪數計。凋敝餘生，豈能重加擔負？一也。水患仍頻，糧價騰貴，飢民遍地，賑給之不暇，遑論徵稅。二也。教育未普及，下層社會之人民尚乏政治思想，未識共和之真意，驟加以擔負，必羣起以鳴其不平。三也。夫欲增進國勢，則不得不斥民財以裕國用，而欲休養民力，又不能不輕國計而重民生。將為民耶，則國何以立？將為國耶，則民何以堪？今後政治上之難問題，殆無過於此矣。記者對於此問題，雖不敢驟有所主張，惟以為徵加租稅，目前殆不能行；必不得已，則當議之於整理財政節減政費之後。我國目前之歲入，以田賦、鹽稅、海關稅為大宗。海關稅由外人經收，抵償洋債，姑置不論。田賦、鹽稅，叢累朝之積弊，若不能廓而清之，則我國民無整理之才力，其前途尚何望乎？田賦之整理，第一步當暫依舊時銀額徵收，但將銀額與現行貨幣，定劃一之準則，無使經收者可以蒙混。第二步，則清丈土地，改定科則，立登記法，定小作權，改除費稅契為登記稅，改賃費小租為小作稅，期以十年，當可竣

事。鹽稅之整理，在盡除舊制，去商專賣，行官專賣法。據外人推測，以謂今日中國人民，實際納入租稅之額，不下十萬萬，而交入中央政府者不過二萬萬，其差數為八萬萬，是為行政不統一之代價。其言或不免過甚，但以之抵厘稅之四千萬兩，當有盈無絀矣。至行政費之節減，首在減少官廳，近聞中央政府將分設十二部，則行政費必益浩大，殊可憂慮。記者之意，中央各部，宜仍南京臨時政府之制，更於各省分設一官廳，以處理國家政務之施行於各省者。行政費既減，則事業費自增。民間之擔負義務者，將曉然於政府之取之吾民，非為豢養官吏之用，而一改其嫌忌納稅之觀念。其關係蓋非淺鮮也。

總之，此次清廷之革命，其本因有二：一為遠因。則以滿人專有政治上之特權，種族間生不平之觀念。一為近因。則由於世運變遷，專制政體不適於時世。而其助因有三：一為中央集權，二為大借外債，三為財政紊亂，政費浩大，稅目繁雜。今者滿人之特權去，專制之政府倒，本因既除，而其餘三者，若何調劑，若何改革，

則視乎我國民建設之能力矣！

原載 1912 年 4 月《東方雜誌》第 8 卷第 10 號